# 从零开始做管理会计

邵永为　许建德 / 编著

CONG LING KAISHI ZUO GUANLI KUAIJI

案例版

中国铁道出版社有限公司
CHINA RAILWAY PUBLISHING HOUSE CO., LTD.

## 内 容 简 介

近年来，管理会计已经成为会计界的新宠，为了帮助更多的会计朋友了解管理会计的思维方式，掌握管理会计的理论框架，初步运用管理会计的工具，我们精心编写了这本管理会计的入门读物。

本书清晰地介绍了现代管理会计的理论、方法及其应用，共十章内容，可分为四大部分：基础概念、预测与决策、管理与评价和发展前沿。本书的特色是将理论、方法和案例分析紧密地结合起来，注重管理会计的分析决策功能，每一章节的最后都有具体的案例解析，使前述的理论知识在案例中得到应用，实现了科学性和趣味性相结合，理论性和操作性相统一。

本书适合从事会计工作，或者学习会计专业的人士阅读使用，可以帮助他们初步学习管理会计的基础知识、基本理念和各类工具的初步运用。

**图书在版编目（CIP）数据**

从零开始做管理会计/邵永为，许建德编著．—北京：中国铁道出版社有限公司，2020.6

ISBN 978-7-113-26750-6

Ⅰ.①从… Ⅱ.①邵… ②许… Ⅲ.①管理会计 Ⅳ.①F234.3

中国版本图书馆CIP数据核字（2020）第049737号

**书　　名：从零开始做管理会计**

**作　　者：**邵永为　许建德

---

**责任编辑：**王　佩　　**读者热线电话：**（010）63560056

**责任印制：**赵星辰　　**封面设计：**刘　莎

---

**出版发行：**中国铁道出版社有限公司（100054，北京市西城区右安门西街8号）

**印　　刷：**北京铭成印刷有限公司

**版　　次：**2020年6月第1版　2020年6月第1次印刷

**开　　本：**700 mm×1 000 mm　1/16　印张：12.25　字数：193千

**书　　号：**ISBN 978-7-113-26750-6

**定　　价：**55.00元

---

# 前言

近年来，中国管理会计的发展“热潮”正在逐步形成，管理会计的发展已经进入“最佳机遇期”；而且随着云计算、大数据和人工智能等新技术所带来的商业活动新业态、管理新模式以及价值创造新需求，使企业对管理会计人才的需求显得更为迫切，财务转型成为当今企业管理的热点问题，管理会计成为未来会计的发展趋势。

然而，在财务转型的强烈需求下，更多的会计人员感到的不是欣喜，而是迷茫。转型，要怎么转？管理会计，到底是什么？应该怎么做？我们也一直在思考这个问题，并把自己的这些思考记录下来，形成了本书，希望能够为管理会计学习者提供一些帮助。

总体而言，本书具有以下几个特点：

**一、紧扣“管理”和“会计”两个维度**

管理会计从“管理”和“会计”两个维度出发，有效地将管理问题通过会计数据和分析进行展示，同时又将会计问题以管理的多元化视角进行呈现，充分体现了企业各个职能之间需要进行充分合作和协同，以全面的思维解决企业问题的重要性。这对于现在学习会计的读者和企业从事会计的人员提出了更高的要求，不仅要精通财务核算、熟悉税务业务，还需要熟练掌握管理会计来对企业经营和管理提出高质量的建议和意见，不断提升企业的财务管理能力和竞争力，成为企业不可或缺的专业型人才。

**二、着眼于运用和解决实务问题**

为了更好地推动管理会计在会计实践中的应用和推广，我们在编写此书的过程中请教了相关的会计实务界工作者，在各部分内容中均配备了丰富的案例示范，期待能帮助会计人员从业务层面加深对管理会计的认识和理解，精准把握管理会计的实质和精髓，熟练掌握和运用常见的管理会计工具方法。与许多管理会计著作相比，这本书最大的不同之处在于，强调要用管理思维思考会计问题，而不是局限于惯常的会计思维，要用会计方法解决管理问题，而不是就会计论会计。

**三、立足于提升会计人员“分析、决策、管理”的能力**

毋庸置疑，管理会计是会计职业的未来发展趋势，如何通过纷繁芜杂的经济和商业现象，寻找到正确的规律和方法，并有效地应用到企业中去，是广大会计人员都应当认真思考的问题，也是中国会计职业教育应当不断追求的目标和方向。积极接纳管理会计，努力学好管理会计，充分用好管理会计，这不仅要求会计职能进行充分地转变，同时也要求会计人员持续拓展自身的能力水平。会计人员必须“长分析、懂决策、会管理”，有效地利用管理会计各项工具和技能，为企业提供更高质量的会计服务和财务决策。只有这样，会计人员才能够真正实现在职场的价值提升。

**四、致力于引领管理会计学习者从入门走向精通**

关于本书的读者对象，首先，是各类会计人员，尤其是希望自己未来的专业生涯能有所发展的会计人员；其次，是企业里的各类管理人员，管理会计要解决的是管理问题，各类管理人员都需要了解会计可以帮助其解决哪些方面的问题；最后，是在校的会计专业和管理专业的读者。本书介绍了各种管理会计的工具、技术和方法，可以帮助这些读者更快地在企业管理实践中运用管理会计。

在本书编写过程中，我们参考了相关的教材和资料以及相关专家的观点，并加以借鉴，在此谨向这些文献的作者致以诚挚的谢意！

由于水平有限加之时间仓促，书中难免存在疏漏乃至错误之处，恳请读者批评指正。

编者

2020 年 1 月

# 目录

## 第6章 经营预测——独具慧眼，深谋远虑

## 第 7 章 经营决策——权衡利弊，能谋善断



## 第 8 章 绩效管理与评价——赏罚若明，四方可行

## 第 9 章 责任会计——权责分明，奖惩合理



## 第 10 章 管理会计的未来——渐入佳境，不可限量

# 第1章　管理会计入门
## ——你需要了解的管理会计

导入案例

20世纪90年代，美国著名会计学家威廉·H. 比弗提出这样一个观点：财务呈报正处在从经济收益计量观向信息观转变的过程中。它由之前向投资者提供用以评价管理当局受托责任履行情况的报告，转向帮助投资者决定如何在当前消费和投资之间分配财富，以及如何在各种证券之间配置所需资金。比弗将这一过程称为会计革命。他还针对21世纪的财务报告提出了一个有趣的问题：如果废弃传统的资产负债表和利润表，采用综合数据库方法加以展示的话，那财务报告将会是什么样子呢？遗憾的是，他并没有给出答案。

美国《管理会计公告》的出现，使得这一问题迎刃而解。管理会计更多地着眼于提升企业内部经营管理水平、增加企业价值、防范企业风险的需要，其服务对象是企业内部的各级决策者。它涵盖了企业的管理决策、设计规划与绩效管理系统，管理会计师可利用其在财务报告与资金控制方面的专业技能帮助管理者制定及实施组织战略。可见，管理会计的范畴要远大于财务报告，几乎涵盖了企业需要运用分析和决策的所有领域，它给企业各级决策者提供了强有力的决策支持。

然而，企业革命已然发生，会计革命也势在必行。有人调侃说，中国会计人员的失业率将取决于SAP产品的降价幅度。让人难以轻松的是，这个调侃很有可能变成现实。目前中国1 400万财会人员中，约90%人员的知识结构可能在未来5年内完全过时。而剩下的约140万会计人员，如果不能保持持续学习的能力，也将在随后几年丧失竞争优势。

来自《中国经济导报》的报道显示，从财务核算走向管理是会计行业发展的必然趋势，而目前国内管理会计人才缺口高达300万。

## 1.1 管理会计定义

关于什么是管理会计，国内外会计学界见仁见智。有人认为管理会计是预测、决策会计，有人则认为管理会计是为企业内部管理提供决策信息的内部会计。笔者认为：管理会计是从战略角度出发，以强化企业内部经营管理、实现经济效益为宗旨，在传统财务技能的基础上，运用预测、决策、规划、考核技能为企业和社会创造价值，实现战略、业务、财务一体化的有效工具。

正确研究和理解管理会计应注意以下 4 点：

第一，从属性看，管理会计属于管理学中会计学科的边缘学科，是以价值的最大增值为最终目的的会计信息系统。

第二，从范围看，管理会计主要为企业（或行政事业单位）管理当局的管理目标服务，同时也为股东（包括资金提供者）、债权人、规章制度制定机构及国家行政机构（如税务当局）等非管理机构服务。

第三，从对象看，管理会计是以使用价值管理为基础进行的价值管理活动，因而应关注物流、资金流，并基于信息流进行价值最大化管理，体现业务与财务融合的管理要求。

第四，从方法看，管理会计要运用一系列专业的方法，通过确认、计量等一系列工作，为预算、过程控制、报告和考核提供信息，并参与企业经营管理。

## 1.2 管理会计的职能

职能是事物内在的、固有的、客观的功能或属性，不以人的主观意志为转移。管理会计职能包括预测、决策、组织、规划、控制和评价等。五大职能具体如下：

### 1. 预测经济前景

所谓预测是指采用科学的方法预计推测客观事物未来发展必然性或可能

性的行为。管理会计发挥“预测经济前景”的职能，就是按照企业未来的总目标和经营方针，充分考虑经济规律的作用和经济条件的约束，选择合理的量化模型，有目的地预计和推测未来企业销售、利润、成本及资金的变动趋势和水平，为企业经营决策提供第一手信息。

2. 参与经济决策

决策是在充分考虑各种可能的前提下，按照客观规律的要求，通过一定程序对未来实践的目标、方向、原则和方法作出决定的过程。管理会计发挥“参与经济决策”的职能，主要体现在根据企业决策目标搜集、整理有关信息资料，选择科学的方法计算有关长短期决策方案的评价指标，并作出正确的财务评价，最终筛选出最优的行动方案。

3. 规划经营目标

管理会计“规划经营目标”的职能，是通过编制各种计划和预算实现的。它要求在最终决策方案的基础上，将事先确定的有关经济目标分解落实到各有关预算中去，从而合理有效地组织协调企业供、产、销及人、财、物之间的关系，并为控制和责任考核创造条件。

4. 控制经济过程

管理会计发挥“控制经济过程”的职能，就是将对经济过程的事前控制与事中控制有机地结合起来，通过事前确定科学可行的各种标准，根据执行过程中的实际与计划发生的偏差进行原因分析，并及时采取措施进行调整，改进工作，确保经济活动正常进行的过程。

5. 考核评价经营业绩

管理会计履行“考核评价经营业绩”的职能，是通过建立责任会计制度来实现的，即在各部门各单位及个人均明确各自责任的前提下，逐级考核责任指标的执行情况，找出成绩和不足，从而为奖惩制度的实施和未来工作改进措施的形成提供必要的依据。

## 1.3　管理会计的产生与发展

现代管理会计是从传统会计系统中分化出来的，现已成为一门与财务会计并列共生的相对独立的新兴学科，拥有比较完整的理论和方法体系，随着科技进步和社会经济的发展而逐步形成和发展起来。

### 1.3.1 管理会计的萌芽期

管理会计的起源可以追溯到受产业革命影响而产生的层级式组织，当时的管理会计重视加工成本，提供诸如每种加工工序及每名劳工的每小时成本，以及衡量加工工序效率的标准。

随着现代企业经营模式的产生与发展，19 世纪后 20 年和 20 世纪初，管理会计技术进一步发展，且与科学管理运动相联系。以泰勒为代表的科学管理研究表明：企业内部可以通过各项生产和工作的标准化，来提高生产和工作效率，尽可能地减少一切可避免的浪费，从而达到提高企业利润的目的。

20 世纪初期，集权功能式企业体制（U 型组织结构）开始出现，为管理会计系统的创新提供了机会。其中，影响最深远的管理会计创新是投资报酬率指标。投资报酬率为企业整体及各部门业绩评价提供了依据，同时也为管理当局进行资源分配提供了依据。

20 世纪 20 年代，被威廉姆森（Williamson）称为“美国资本主义在 20 世纪最重要的一项创新”的分权式企业组织结构——事业部制组织结构（M 型组织结构）开始出现，为管理会计的发展提供了土壤。

### 1.3.2 管理会计的形成期

一般认为，管理会计大致形成于 20 世纪 40 年代至 60 年代。在第二次世界大战结束后，随着科学技术的快速发展，社会生产力迅速提高，跨国公司不断涌现，市场的竞争日益激烈。与此同时，通货膨胀、银根紧缩、筹资困难、经济危机发生得越来越频繁，客观上要求企业加强内部经营管理。于是，行为科学、数量管理等理论和方法开始被大量应用于企业管理实践。

管理会计的发展与演进同企业管理的发展密切相关。推动管理会计从原始萌芽状态迅速发展到相对成熟阶段的重要动力，是以西蒙为代表的管理科学理论的发展。人们日益发现，以泰勒制为核心的科学管理理论存在着重大缺陷，即只注重提高生产效率而忽视目标决策，强调物而忽视人的主观作用。这些缺陷使之在新的环境下必然要被管理科学理论所取代。

现代管理科学的发展及其在企业管理中的成功应用，为管理会计奠定了理论和方法基础。一方面，早期管理会计的技术方法得到了进一步的发展，标准成本系统发展为以目标管理为前提的标准成本制度。另一方面，管理科学理论进一步拓展了会计的管理职能，即从解释过去转向为控制现在和筹划未来，并借助运筹学中的有关理论和技术，建立了经营决策会计和投资决策会计的方法体系；借助职能管理和行为科学理论，建立了责任会计的方法体系。

至此，一个以强化内部管理、提高经济效益为目的的管理会计体系已经形成了。1952 年在伦敦举行的国际会计师联合会代表大会上，正式通过了“管理会计”这一专门术语，会计也因此被细分为财务会计和管理会计两大领域。

### 1.3.3　管理会计的发展期

从 20 世纪 60 年代末至今都可称作管理会计的发展时期。作为一门新生学科，管理会计学通过不断吸收现代管理科学，特别是系统论、控制论、信息论、决策论和代理理论等研究成果，使管理会计理论和方法体系日臻完善，在改革企业内部管理、提高经济效益方面展现了极大的优势。

20 世纪 80 年代中期以来，管理会计先后经历了侧重制造成本的管理会计、侧重预算与绩效考核的管理会计、侧重作业管理的管理会计、战略管理会计、环境管理会计等阶段。尤其是近几年来，战略管理会计和环境管理会计成为管理会计发展的新领域，风险控制和战略决策成为管理会计研究的重点。

由美国管理会计师协会发布的《管理会计公告》，将管理会计的内容归纳为价值观与道德规范、跨职能团队建设、竞争情报管理、会计信息化建设、作业成本管理、目标成本管理、精益成本管理、资源环境会计、供应链成本、价值链分析、绩效管理、标杆管理、质量成本管理、风险管理等多个方面。

中华人民共和国财政部于 2014 年 10 月颁布了《关于全面推进管理会计体系建设的指导意见》（财会〔2014〕27 号），2016 年 6 月颁布了《管理会计基本指引》（财会〔2016〕10 号），2017 年 9 月颁布了 22 项管理会计应用指引（财会〔2017〕24 号）。在财政部的直接推动下，在理论界和实务界的积极响应下，我国管理会计进入一个新的战略发展时期。

# 1.4 管理会计的内容和目标

## 1.4.1 管理会计的内容

美国《管理会计公告》对管理会计的定义是：管理会计是一种深度参与管理决策、制订计划与绩效管理系统、提供财务报告与控制方面的专业知识以及帮助管理者制定并实施组织战略的职业。

一般认为，管理会计的基本内容大致可分为：以对企业生产经营决策的预期效果进行综合分析为主要内容的“决策会计”，和以对企业生产经营的整个过程和各个方面进行严格控制和考评为主要内容的“执行会计”这两个方面。

### 1. 决策会计

决策会计也称为预测决策会计，是指管理会计系统中侧重于发挥预测经济前景和实施经营决策职能的最具有能动作用的会计子系统。它处于现代管理会计的核心地位，又是现代管理会计形成的关键标志之一。其主要内容包括以下几个方面。

（1）经营预测。经营预测是指企业根据现有的经济条件和掌握的历史资料以及客观事物的内在联系，对生产经营活动的未来发展趋势和状况进行的预计和测算。通过经营预测，确定企业未来一定期间的各项具体经营目标。

（2）短期经营决策。短期经营决策是指决策的结果只会影响或决定企业一年或一个经营周期经营实践的方向、方法和策略的决策，它是通过对有关可行性方案的经济性进行计量、分析和比较，为最大限度地改善经营管理、提高经济效益而选取的最优决策行动方案。短期经营决策以尽可能取得最大的经济效益为直接目标。

（3）长期投资决策。长期投资决策是指那些需要企业投入大量资金，获取报酬或收益的持续时间超过一年，能在今后相当长的一段时间内影响企业经营能力的投资决策。进行正确的企业长期投资决策，对企业的生产经营具有长远的意义。它从总体上确定了企业未来的经营方向、规模、资源配备以及长期发展目标等重大问题。

2. 执行会计

执行会计主要是以现代管理科学中行为科学原理为基础，运用系列特定的工具与手段，通过编制计划、制定标准、划分责任、考评业绩等，为执行既定的决策方案而卓有成效地实施决策、执行计划、评价工作成绩，以确保预期目标顺利实现的管理会计子系统。其主要内容包括预算管理、成本控制、责任会计、绩效评价等内容。

（1）预算管理。预算是企业经营目标的具体化，它是从“决策会计”到“执行会计”的桥梁。它既包括对已经选定的各个决策方案进行综合和概括，又包括进一步分解、落实企业的总体目标，使总体目标具体化到企业内部各部门、各单位，以此作为它们开展日常生产经营活动和进行业绩评价的依据。

（2）成本控制。成本控制是管理会计的重要内容，主要包括标准成本系统、作业成本管理等内容。

（3）责任会计。责任会计是以强化企业内部控制为目的，将经济责任同会计数据相结合，通过实施责任会计，可以明确全面评价和考核责任的各单位的工作业绩的内部会计控制制度。责任会计用来评价各责任单位的工作业绩、有关责任单位的权利和责任，并借助有关指标的计算和分析，进一步改善未来的经营管理工作。

（4）绩效评价。绩效评价是责任会计的延伸，主要包括企业整体绩效评价、部门绩效评价和员工绩效评价等。战略管理会计和环境管理会计理论的发展为绩效评价拓展了新的研究领域。

## 1.4.2　管理会计的目标

管理会计是适应企业加强内部经营管理、提高企业竞争力的需要而产生和发展起来的，管理会计的最终目标是实现价值的最大增值，并实现以下两个分目标。

1. 为管理和决策提供信息

管理会计应向各级管理人员提供以下经过选择和加工的信息：

（1）基于企业生产经营活动并与预算、过程控制、报告、考核有关的各类信息，包括历史信息和未来信息。这些信息有利于各级管理者加强对生产经营过程的控制，实现最佳化经营。

（2）与维护企业资产安全、完整及资源有效利用有关的各类信息。

（3）与股东、债权人及其他外部利益关系者的决策有关的信息，这些信息将有利于投资、借贷及有关法规的实施。

2. 参与企业的经营管理

在现代管理理论的指导下，管理会计正在以各种方式积极参与企业的经营管理，将会计核算推向会计管理。

从实践角度看，管理会计通过制定各种战略、战术及经营决策、协调和组织企业工作等方式参与管理，不仅有利于各项决策方案的落实，而且有利于企业在总体上兼顾长期、中期和短期利益的最佳化运行。

## 1.5 管理会计与财务会计的区别与联系

管理会计与财务会计是现代企业会计的两大分支，两者之间既有区别又有联系。

### 1.5.1 管理会计与财务会计的区别

1. 职能不同

管理会计是规划未来的会计，其职能侧重于对未来的预测、决策和规划，对现在的控制、考核和评价，属于经营管理型会计；而财务会计是反映过去的会计，其职能侧重于核算和监督，属于报账型会计。

2. 服务对象不同

管理会计主要向企业内部各管理层提供有效经营和最优化决策所需的管理信息，是对内报告会计；而财务会计主要向企业外部各利益相关者（如股东、潜在投资者、债权人、税务机关、证券监管机关等）提供信息，是对外报告会计。

3. 约束条件不同

管理会计不受会计准则、会计制度的制约，其处理方法可以根据企业管理的实际情况和需要确定，具有很大的灵活性；而财务会计进行会计核算、财务监督，必须受会计准则、会计制度及其他法规的制约，其处理方法只能在允许的范围内选用，灵活性较小。

4. 报告期间不同

管理会计面向未来进行预测、决策，因此其报告的编制不受固定会计期间（如月、季、年）的限制，而是根据管理需要编制反映不同期间经济活动的各种报告，只要需要，它可以按小时、天、月、年甚至若干年编制报告；财务会计面向过去进行核算和监督，反映一定期间的财务状况、经营成果和资金变动情况，应按规定的会计期间（如月、季、年）编制报告。

5. 会计主体不同

为适应管理的需要，管理会计既要提供反映企业整体情况的信息，又要提供反映企业内部各责任单位经营活动情况的信息，因而其会计主体是多层次的；财务会计以企业为会计主体提供反映整个企业财务状况、经营成果和资金变动的会计信息，通常不以企业内部各部门、各单位为会计主体提供相关信息。

6. 计算方法不同

由于未来经济活动的复杂性和不确定性，管理会计在进行预测、决策时，要大量应用现代数学方法和计算技术；而财务会计多采用一般的数学方法进行会计核算。

7. 信息精确程度不同

由于管理会计的工作重点是面向未来，未来期间影响经济活动的不确定因素比较多，加之管理会计对信息及时性的要求，决定了管理会计所提供的信息不能绝对精确，一般只能相对精确；而财务会计反映已经发生或已经完成的经济活动，因此其提供的信息应力求精确，数字必须平衡。

8. 计量尺度不同

为适应不同管理活动的计量需要，管理会计虽然主要使用货币量度，但也大量采用非货币量度，如实物量度、劳动量度、关系量度（如市场占有率、销售增长率）等；为了综合反映企业的经济活动，财务会计几乎全部使用货币量度。

## 1.5.2　管理会计与财务会计的联系

管理会计与财务会计同属企业会计的范畴，两者有着千丝万缕的联系。

1. 起源相同

管理会计与财务会计都是在传统会计中孕育、发展和分离出来的，作为会计管理的重要组成部分，这标志着会计学的发展和完善。

2. 目标相同

尽管管理会计、财务会计分别向企业内部和外部提供信息，但最终目标都是使企业能够获得最大利润，实现价值的最大增值。

3. 基本信息同源

管理会计所使用的信息尽管广泛多样，但基本信息来源于财务会计，有的是财务会计信息的直接使用，有的则是财务会计信息的调整和延伸。

4. 服务对象交叉

虽然管理会计与财务会计有内外之分，但服务对象区分并不严格、唯一，在许多情况下，管理会计的信息可以为外部利益集团所使用（如盈利预测），财务会计信息对企业内部决策也至关重要。

5. 某些概念相同

管理会计使用的某些概念，如成本、收益、利润等与财务会计完全相同，有些概念则是根据财务会计的概念引申出来的，如边际成本、边际收益、机会成本等。

# 第2章　管理会计与企业战略——运筹帷幄之中，决胜千里之外

导入案例

**惠普和 IBM：一个未来，两条道路**

从表面上看，惠普（HP）和 IBM 有许多共同之处。两家公司都鼎鼎大名，都拥有大量塑造现代高新科技格局的宝贵财富。两家公司都在同时与诸多大型企业和小公司合作，帮助它们解决技术问题。两家公司还在争夺云计算、海量数据等具有很好发展前景的新兴市场。两家公司的成功愿景相差无几，不过，它们也都面临着相似的挑战——萎靡不振的全球经济形势和不断涌现的颠覆性新技术。

尽管历史底蕴非常相似，但惠普和 IBM 的发展道路大不一样。惠普现在仍处于为期多年的复苏转型中，而 IBM 却在实施决策多年前就已制定好的长远规划。两家公司的发展道路在很大程度上都不是其现任首席执行官制定的。为什么会这样？首先，它们对硬件和软件在未来 IT 发展中的定位不同；其次，它们的企业并购策略也不一样。

近十年来，IBM 的管理层非常稳定，而且一直着眼于长远目标。在历史上，IBM 曾以大型机制造商而著称；而现在，它是 IT 咨询和软件服务的标志性厂商。2004 年，IBM 曾以 17.5 亿美元将 PC 业务部出售给联想集团（Lenovo Group），从而开始摆脱对硬件制造的依赖。

和 IBM 一样，惠普早在多年前就已经意识到，作为科技巨头，未来的发展不仅仅在于向企业出售大型机，更重要的是参与管理客户日益复杂的硬件设备和种类繁多的技术。但与 IBM 不同，惠普坚信硬件在技术外包业务中仍将继续扮演关键角色。惠普投入重金，以 250 亿美元收购了康柏公司（Compaq）。

收购康柏公司后，惠普持续增长，营业收入从2002年的570亿美元增长至2012年的1 270亿美元。相比之下，IBM增速较慢，从2002年的810亿美元营业收入增加至2011年的1 070亿美元。在这10年，惠普通过激进的收购策略，在营业收入增长上一举超过了IBM。在2006年到2010年的5年时间里，惠普投入巨资收购了多家大型科技企业。例如EDS（139亿美元）、3Com（27亿美元）、Palm（12亿美元）和3Par（24亿美元）。李艾科接替赫德后，惠普又耗资16亿美元和110亿美元分别收购了ArcSight和Autonomy两家软件企业。

相比之下，虽然IBM在出售PC业务后也进行了多起收购，但只有一次金额超过20亿美元，即2008年以50亿美元收购商业软件提供商Cognos。但是，IBM在此期间进行了多起10亿美元级别的收购，如Internet Security Systems（16亿美元）、数据分析公司Netezza（17亿美元）、Serling Commerce（14亿美元）等。

从惠普这10年的并购案例来看，这家科技巨头已形成在硬件和软件两方面齐头并进的战略，它显然将未来同时押宝在两大业务上。相比之下，IBM则更看好软件，认为它比单纯的物理硬件更为重要。

## 2.1　战略管理会计的兴起与发展

自1922年提出“管理会计”以后到20世纪80年代，管理会计以预算控制和标准成本等为主要内容。

在传统制造环境下，劳动密集型企业占主导地位，企业成本的构成以直接材料和直接人工为主，间接成本所占的比重很小。20世纪80年代以后，企业面临的制造环境发生了很大的变化。高级制造技术（AMT）、电脑辅助设计与制造（CAD / CAM）、弹性制造系统（FMS）、计算机集成制造系统（CZMS）的使用和日趋普及，改变了许多企业的生产工艺，迅速提高了企业的自动化程度。这种制造技术的革命使得企业的成本构成也发生了很大的变化：直接材料，特别是直接人工的比重不断降低，间接成本的比重却呈不断上升趋势，多数企业的间接成本已占到产品成本的一半甚至一半以上。这种制造革命的变化，使得传统的成本计算方法和成本控制方法下的会计信息严重失真，进而影响到企业管理所需要的成本信息质量。传统管理会计不仅没能帮助管理者适应这种变化，还限制了对这种变化的适应。

此前的管理会计主要以对内管理为主，缺乏重视外部环境的战略观念。外部环境是企业生存的基础，既为企业的生存和发展提供了机会，又可能对企业经营构成某种威胁。所以，管理会计应该指明企业所处的相对竞争地位，其提供的信息应该有助于企业进行竞争战略调整，从而起到危机预警的作用。但管理会计学的理论和方法研究以企业内部为视角，没有将企业的内部信息与外部环境的变化联系起来考察，无法提供企业战略所需的各种信息。例如，从市场份额变化中可以看出企业竞争地位的相对变化，这种市场份额信息无疑会提高管理会计信息的相关性，但遗憾的是，很少有企业将这种有用的战略信息定期纳入其内部管理报告。

因此，随着企业的发展，很多学者提出了“战略管理会计”的概念及理论，把研究重点放在分析、判断企业竞争地位，提高企业竞争优势的会计信息方面，如成本、价格、业务量、市场占有率和现金流量的相对水平和变化趋势的分析与评价等。这些研究拓展了传统管理会计学的研究领域，结合对竞争者的分析来考察本企业的竞争地位，从战略的高度审视企业的组织机构设置、产品开发、市场营销和资源配置，并据以取得竞争优势而提供内部的和外部的、财务的和非财务的、定性的和定量的会计信息，为企业发挥优势、利用机会、克服弱点、回避威胁提供信息，创造条件。

“战略管理会计”的首创者是西蒙兹（Simmonds）。西蒙兹（Simmonds）被公认为“战略管理会计之父”。他在 1981 年将战略管理会计定义为“对关于企业及其竞争者管理会计指标的准备和分析，用来建立和监督企业战略”。他对传统管理会计理论的挑战在于，不再从企业内部效率的角度看待利润的增长，而是从企业在其市场的竞争地位这一视角，重新看待这个问题。

从不同视角研究战略管理会计的学者很多。关于战略管理会计的这些文献从不同的侧重点反映了人们对战略管理会计的多方面理解。其中比较具有代表性的学者，除了西蒙兹（Simmonds），还有哥芬达拉加（Govindarajan）、沙恩克（Shank）、布罗米奇（Bromwich）和威尔逊（Wilson）等。

哥芬达拉加（Govindarajan）和沙恩克（Shank）主要研究成本信息在战略管理的以下四个阶段所起的作用，即战略的简略表述（公式化表达）、战略的交流、战略的推行和战略的控制。在此，他们使用了三个主题：价值链分析、战略地位分析和成本动因分析。分析的目的在于系统地表述关于企业战略和管理会计之间关系的框架。他们将此框架称为“战略成本管理”。沙恩克（Shank）将战略成本管理定义为“成本信息直接针对战略管理循环的四个阶段之一或之几的管理化应用”。

布罗米奇（Bromwich）和威尔逊（Wilson）的研究角度又有所区别。布罗米奇（Bromwich）关注于最终商品市场，他将战略管理会计定义为“对企业的产品市场和竞争者的成本结构的财务信息进行的提供和分析，以及对企业及其竞争者一定期间内在这些市场上的战略所进行的监督”。威尔逊（Wilson）则主要强调战略管理会计的外部指向和前瞻性。

综上所述，不同的人对于战略管理会计有不同的看法。在理论研究上，百花齐放、百家争鸣，无可厚非。但是，在企业中如何能够真正应用所谓的“战略管理会计”，则是所有企业家和会计师都无法回避的问题。

从实用主义出发，我们认为，战略管理会计的核心是要厘清“环境—战略—经济绩效”之间的逻辑关系，并建立相应的因果模型。

## 2.2 会计师为什么需要参与企业战略规划

在实践中，企业考虑外部环境因素后，便会制定企业的使命感、价值观、目标和战略——企业的管理自战略而始。管理会计只有参与企业战略规划，才能称为真正意义上的管理会计。

企业战略规划是否科学将在极大程度上决定企业的最终经济绩效。从管理的逻辑来说，“企业战略规划 + 过程的执行 = 最终的经济绩效”，即起于企业战略规划，重在过程的执行，形成经济绩效结果。上述关系如图 2-1 所示。

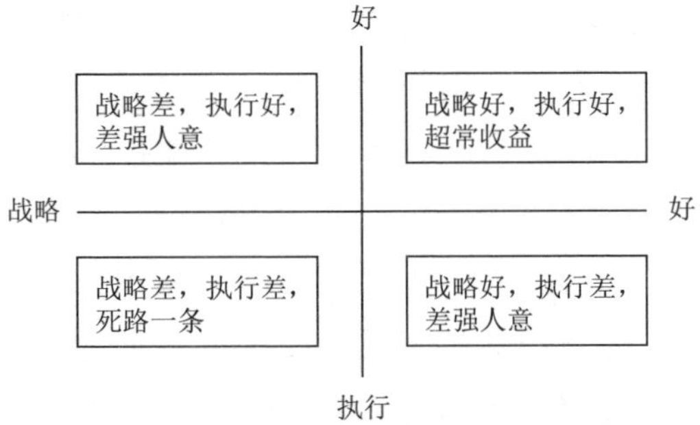


**图 2-1 企业战略规划与经济绩效的关系**

可以说，企业战略相当于企业的命，企业的执行力相当于企业的运，命好运好，方能财源滚滚。

会计师在管理会计应用中，需要学会“抓大放小”，而要抓的首要大事即是参与企业的战略规划。然而，很多会计师主动放弃了战略管理的职能，实在是可惜。

战略是面向未来的——我们不是要制定未来的战略，比如 5 年、10 年以后的战略，而是制定当前的战略，但是这一战略引导我们走向未来。企业今天的状况，是昨天的战略带来的结果。同理，今天的战略，将决定企业的未来。按流行的话来说：一个人三年前的选择，决定他今天的生活状态；同理，一个企业三年前的战略决定企业今天的经济绩效。战略对企业经济绩效的影响，是深远而实在的。

## 2.3　管理会计在企业战略规划中的职责

一般的企业都会有负责战略规划工作的具体部门。会计师不是要取代该部门，而是要在战略规划中有自己的独立思考，并提出相应的建议，甚至应当在某些特殊情况下有否决权。

管理会计在企业战略规划中的职责主要是：收集信息、整理信息、分析信息，为企业领导层以及战略规划部门提供信息支持以及建议。这些信息主要包括：确定客户的价值，新的市场机会信息及变革的影响，动态的行业结构及盈利信息，动态的竞争者会计信息，企业自身竞争优势的信息，等等。厘清战略规划和经济绩效之间的关系，建立两者之间的因果模型。现有的战略对企业的经济绩效会产生什么样的影响？未来的规划又会带来什么样的变化？从经济绩效的角度，是否需要对现有的战略和未来的规划作出调整，等等。

在履行这些职责的过程中，会计师们要转变观念，从原来的对内管理为主，学会内外兼顾。关于企业的目的，只有一个正确而有效的定义：创造顾客。市场不是由上帝、大自然或经济力量创造的，而是由企业创造的。企业必须设法满足顾客的需求，而在满足顾客的需求之前，顾客也许能感觉到那种需求。就像饥荒时渴求食物一样，不能满足的需求可能主宰了顾客的生活，在他们清醒的每一刻，这种需求都盘旋在他们的脑海中。但是，在企业采取行动满足这些需求之后，顾客才真的存在，市场也才真的诞生，否则之前的需求都只是理论上的需求。顾客可能根本没有察觉到这样的需求，也可能在企业采取行动——通过广告、推销或发明新东西，创造需求之前，需求根本不存在。每一次都是企业的行动创造了顾客。因此，未来市场上只能有两类企业：创新型的创造客户需求的企业，如引领智能手机潮流的苹果；生产服务型的满足客户需求的企业，如空调企业。

顾客决定了企业是什么。因为只有当顾客愿意付钱购买商品或服务时，才能把企业的资源转变为经济绩效，把物品转变为商品。企业认为自己的产品是什么，并不是最重要的事情，对于企业的前途和成功尤其不是那么重要。顾客认为他购买的是什么，他心目中的价值何在，则有决定性的影响。企业的重要管理功能之一，就是有效地利用一切创造财富的资源，从经济角度来说，称之为生产力。

## 2.4 战略管理与经济绩效之间的一般考虑

会计师要参与到企业战略规划中，就必须学习和掌握战略管理与经济绩效之间的关系。战略管理的书籍汗牛充栋。我们认为，在实践中，战略管理的核心问题是：进入什么行业？在行业中企业采取何种竞争策略？

常见的行业分析工具包括SWOT分析、PEST分析、波特五力模型分析等。管理会计可以借助这些模型，建立战略管理和经济绩效之间的逻辑关系。而企业的竞争策略则通常包括成本领先策略和差异化策略。

## 2.5 行业对经济绩效的影响

俗话说：男怕入错行，女怕嫁错郎。当今社会，随着人员流动性的提高，男子入错行了，改行的多得是。就笔者的经历来说，就曾经在会计师事务所、证券公司和政府部门、学校这些不同的单位实习和工作过，最终将教师作为自己终生的职业选择。

但是，企业如果入错行了，想调头就没有那么容易了，尤其是对于钢铁企业、水泥企业等重资产企业来说更是如此。企业行业选择在很大程度上会直接决定企业的经济绩效。

在对企业的行业前景进行分析的时候，我们可以参照哈佛大学教授迈克尔·波特的五力分析模型。美国著名的管理战略学家迈克尔·波特教授的研究表明，某行业的平均利润率受五种因素的影响，即现有企业间的竞争格局、新加入企业的竞争威胁、替代产品的威胁、供应商的讨价还价能力、购买者的讨价还价能力。行业分析实际上就是要求我们搞清楚这五种竞争因素对行业的影响程度。

### 2.5.1　企业现有竞争格局决定企业当前经济绩效

谚语云：再大的烙饼也大不过烙它的锅。我们经常说，一个人的格局决定了一个人的成就。

同理，企业竞争格局决定企业经济绩效。在大多数行业中，平均毛利率水平主要取决于该行业现有企业间的竞争格局。笔者给各行各业的会计师学员上课的时候，经常会问大家：你们知道自己的竞争对手吗？如果知道，请大家开始写下自己企业的竞争对手。如果会计师们连企业的竞争对手都不知道，那么，只能回去做记账型的小会计了。那些了解企业竞争对手的学员，如果来自垄断性企业，则其竞争对手可能主要只有几家，或者说最多用一页纸可以写完，那么，即使企业偶尔会陷入困境，但是从长期来看，其日子总体是不错的，比如中国石化和中国石油，以及中国电信、中国移动和中国联通，等等。有些学员所在的企业竞争对手数不胜数，写完一页纸，接着第二页、第三页，当开始写第二页纸的时候，笔者就建议可以不用接着往下写了，因为竞争格局已经太激烈了，比如中国建筑、中国铁建、中国电建、北京城建、上海建工等。所以，施工建筑企业的毛利率都不太高，这是企业的竞争格局决定的。当然，最好的是没有竞争对手，比如品牌垄断、技术垄断或者政策垄断，比如中国烟草工业集团公司、茅台股份、腾讯，等等。

作为一个会计师，在参与一个公司战略规划的时候，需要考虑一个行业现有企业间的竞争程度的下列影响因素。

1. 行业成长性

如果某行业增长迅速，那么现有企业不必为自身发展而相互争夺市场份额。相反，在停滞的行业中，现有企业增长的唯一办法是夺取其他竞争对手的市场份额。这种情况下，企业间将爆发价格战。

### 2. 竞争者的集中程度

一个行业中企业数量的多少及其规模大小决定了该行业的集中程度，这种集中程度影响着企业调整定价和其他竞争措施的力度。例如，美国软饮料行业基本上由可口可乐和百事可乐控制，它们可以心照不宣地进行相互合作以避免破坏性的价格竞争。中国的石油行业也基本上由中国石油和中国石化垄断，除了受到国际油价的影响外，两者之间不会出现激烈的价格战。反之，如果行业处于分庭割据状态（如国内的家电业），那么价格竞争通常十分残酷。

### 3. 产品差异化和转换成本

同一行业中的企业能在多大程度上避免正面竞争，取决于它们所提供的产品和服务的差异程度。一般来说，对于标准化的产品较难体现差异程度。转化成本也决定着消费者产品的选择倾向，当转换成本较低时，企业间被迫进行价格竞争。

### 4. 规模 / 学习经济和固定——变动成本比率

如果学习曲线很陡峭，或同一行业存在其他类型的规模经济，那么企业规模将是一个决定性因素。在这种情况下，企业为争夺市场份额将展开激烈竞争。同样，如果固定——变动成本比率很高，企业将积极降低价格以充分利用现有生产能力。固定成本是指成本总额在一定时期和一定业务量范围内，不受业务量增减变动影响而能保持不变的成本；变动成本是指那些成本的总发生额在相关范围内随着业务量的变动而呈线性变动的成本。航空业即是一个典型例证，其价格战非常普遍。笔者曾经以 2.5 折的价格购买机票，机票价格跟航空业的成本结构是密切相关的——航空业的主要成本对于乘客来说是固定成本，不受乘客数量多少的影响，包括飞机折旧、航油、地勤等；而随着乘客数量的变动而变动的成本很少，只有乘客在飞机上接受的服务（喝点饮料、吃个快餐的成本太低了），如果变动成本是 30 元，那么理论上来说只要机票价格高于 30 元，航空公司就应该把机票卖给乘客，因为高于 30 元的部分，可以用来弥补固定成本。这就是全球的航空业竞争都非常激烈的重要原因。

### 5. 超额能力和退出壁垒

如果行业的生产能力大于消费者的需求，企业将被迫削减价格以使生产能力满负荷。那么企业退出该行业有巨大障碍（如有特殊用途的固定资产），而企业的超额能力将变得更加严重。这一点也适用于对航空业的分析，因为航空公司最主要的资产——飞机，具有很强的专业性。

### 2.5.2　企业未来竞争格局决定企业未来绩效

获取超额利润的潜力会不断吸引新企业加入该行业，新加入企业的竞争威胁是对现有企业定价的潜在限制。因此，新企业加入一个行业的容易程度是决定该行业盈利能力的主要因素。会计师在战略规划中，需要考虑企业是否建立了进入壁垒，或者说“护城河”。下面几个因素决定了进入壁垒的高低或者说“护城河”的深浅。

#### 1. 规模经济

如果一个行业中存在规模经济，那么新加入的企业就面临两种选择——要么一开始就得投资建设巨大的产销能力，要么投资达不到行业的平均效益。无论哪种情况，新加入企业至少在同现有企业竞争的开始阶段处于成本劣势。规模经济几乎体现在一个企业经营的每一职能环节中，如制造、采购、研究开发、市场营销、售后服务网等。例如，面对计算机主机行业的迅猛发展，著名的施乐公司和通用电器公司也想进入这一行业，但它们沮丧地发现，生产、研究、市场开发及服务方面的规模经济是进入计算机主机行业的关键壁垒。规模经济在中国最成功的例子就是格兰仕。

#### 2. 先行优势

在很多情况下，早期加入的企业可能阻碍未来企业的加入。比如，首先行动的企业能够制定行业标准，或与廉价的原材料供应商签订独家协议；它们也可以获得在某些受管制行业从事经营活动的数量有限的政府许可证；还可能比后加入企业具有绝对的成本优势。特别是当消费者开始使用现有产品而且替代成本很高时，首先行动的优势将变得更大。例如，微软公司的办公软件和后来的 Windows 操作系统的使用者所面临的替代成本，使其他软件公司很难再上市推广另一种操作系统。

#### 3. 进入分销渠道和关系网

现有分销渠道的能力有限和发展新渠道的高成本是企业加入行业的一个巨大障碍。例如，很多新的消费品生产商发现要在超市的货架上争到一席之地是何等困难，要花费多大的代价。一个行业中厂家和消费者之间的现有关系网也增加了新企业入行的难度，比如审计业、银行投资业和广告业等。

4. 法律障碍

许多行业的法规制约着新企业的加入，如技术密集型行业的专利权，广播和电信业中存在许可证进入的限制，有些行业的政策保护限制等。比如，中国石化和中国石油就受到行业的政策保护。

会计师一定要学会用动态的眼光看待企业的竞争格局。虽然企业目前竞争格局可能良好，但是如果没有足够的“护城河”，则很容易陷入激烈的竞争中。在过去的10多年当中，太阳能光伏行业就是一个典型的例子。无锡尚德是太阳能光伏行业的传奇企业，2001年施正荣创立无锡尚德，2005年在纽交所上市，2006年尚德电力的股价达到40美元以上，施正荣以23亿美元的财富，成为当年的中国首富。而在2013年3月18日，无锡尚德太阳能电力有限公司债权银行联合向无锡市中级人民法院递交无锡尚德破产重整申请。虽然无锡尚德的破产重整与企业的内部管理有一定关系，但是最重要的影响因素是：无锡尚德不具备足够的“护城河”来防御新竞争者的进入，比如江西赛维、英利能源、新光硅业等数不胜数的后来者。

### 2.5.3 替代品的威胁

在参与公司战略规划的过程中，会计师还需要学会考虑替代品对经济绩效的影响。企业的经济绩效会面临替代产品或服务的威胁。相关的替代产品不一定是形式相同的，而是那些具有同样效用的产品。替代品设置了产业中企业可谋取利润的定价上限，从而限制了一个产业的潜在收益。替代品所提供的价格 / 性能比越有吸引力，产业的利润上限就越低。

例如，对于短距离旅行来说，火车与出租客车服务可以互相替代；饮料业中，作为包装物的塑料瓶和金属罐可以相互替代。在某些情况下，替代品的威胁不是来自消费者主动转向另一种产品，而是利用科技使他们不用或少用现有产品。例如，光盘和IC卡存储技术的发展使消费者逐渐消除了对软磁盘的消费需求。通常，替代品的威胁程度取决于参与竞争的产品或服务的相对价格和效用，以及消费者使用替代品的主观意愿。市场价值的转移，就是由于替代品的出现造成了原有产品的价值被替代品转移。例如，可乐的包装，最开始是玻璃瓶，后来被铝罐代替，后来又出现塑料包装。由于包装材料的不同，原来做玻璃瓶的企业受到铝业和塑料业的威胁，价值发生了转移。也就是说，玻璃行业的价值转移到铝业和塑料业上来，所以替代品的出现对行业现有企业来讲，就构成了威胁。

决定替代品威胁的因素主要有以下几方面。

#### 1. 替代品的效用 / 价格比

替代品与同行业现有产品一样，都是为了满足顾客相同或相似的需要。顾客在接受产品和服务时就会比较，哪一种产品的效用 / 价格比更高一些。如果替代品的效用 / 价格比高于现有产品的话，替代品就更具竞争力，替代能力就更强。因此，一旦替代品降价或是提高效用，会给现有产品带来很大的竞争压力。例如，航空、铁路、长途汽车相互之间是客运服务的替代竞争者，航空公司票价的打折，给铁路、汽车带来很大压力，有很多客户转向接受航空公司的服务，迫使铁路、汽车提高自己的服务质量来同航空公司展开竞争。但是消费者的消费偏好变化，还要看对价格的敏感程度。谈到价格敏感时，常以盐和糖为例，这两个产品价格弹性不大，糖可能便宜，大家消费得多一点；而盐的价格不管怎么变化，都是刚性的——就是说它的消费量是一定的，不可能盐便宜了，大家多消费，盐贵了，大家就少消费。价格对于替代品来讲起到很大的作用，但也要看到一个弹性和刚性的问题。

#### 2. 替代竞争者的生产率发展

替代品之间生产率发展状况的不同会影响将来的效用 / 价格比。如果生产替代品的企业的生产率发展速度快于本企业，则会增加它的替代能力，对本企业构成威胁。

#### 3. 转换成本

转换成本就是不使用原来的产品而使用替代产品转换的代价。以可乐的包装为例，过去是玻璃瓶，现在用铝，这个转换成本代价高不高？加工、生产用别的材料，别的设备、技术是不是需要重新更换？如果需要，代价也很高的话，可能替代品就不会构成很大的威胁。

#### 4. 顾客使用替代品的倾向

顾客是否愿意使用替代品，对于替代品的偏好如何？北京传统的中式快餐现在被洋快餐替代了很大一部分，这就表示顾客在选择快餐上出现了新的倾向，更多采用过去没有的替代品。

5. 技术发展的方向

这是由技术因素造成的不可逆转的改变，企业只能顺应它发展的趋势，最多也只能延缓技术全面更新的速度。在这种情况下，替代的力量是最强大的，比如内燃机对蒸汽机的替代。试图排挤替代品的推广是徒劳无益的，企业能做的是充分开发新技术，为我所用，找出和替代品之间的切入点。又如数码照相机对传统照相机的替代，像爱克发这样的老牌传统照相产品制造商已经宣布退出传统彩扩服务领域，而柯达也宣布自己由传统影像服务转向提供数码影像服务。

### 2.5.4 大客户好还是小客户好

会计师需要考虑企业的客户战略对企业经济绩效的影响。中国古话说：客大欺店，店大欺客。这是客户对经济绩效影响的最朴素道理。行业的竞争程度决定了获取超额利润的潜力，而行业和客户的议价能力决定了行业的实际利润水平。

一般人都认为大客户好，但是对于企业经济绩效而言却不见得是好事情。大客户往往具有很强的议价能力，并且会提出各种各样的苛刻条件；而企业面对小客户的时候，往往会占据有利的谈判地位。对于企业而言，下游应该具有足够多的客户，才会在长期发展中逐步建立自己的竞争优势地位。

决定客户议价能力的基本因素有两个：价格敏感度和相对议价能力。价格敏感度决定买方讨价还价的欲望有多大，相对议价能力决定买方能在多大程度上成功压低价格。

价格敏感度：买方对价格是否敏感取决于产品对买方的成本结构是否重要。当该产品占买方成本的大部分时（如软饮料生产商使用的包装材料），买方就会更关心是否有成本较低的替代品；当然，该产品对买方产品质量的重要性程度也决定着价格是否能成为影响购买决策的重要因素。例如，鞋用胶水的生产商，由于鞋用胶水在其客户——制鞋厂商的成本中所占的比重较低，因此制鞋厂商对其价格不是十分敏感。如果制鞋厂商想降低原材料成本，由于鞋用胶水在原材料成本中所占的比重太低，还是与其他原材料供应商进行议价效果更好。

客户的集中度：首先，相对于卖方的销量，如果销售额的很大部分由某一特定买方购买，这将提高买方业务的重要性。此时集中度高，买方的讨价还价能力也强。买方讨价还价能力的强弱取决于产业是否有生产能力过剩的趋势，如果有过剩生产能力的话，会提供买方讨价还价的筹码。例如，在汽车行业中，汽车生产商对零部件制造商的议价能力很强，因为汽车企业是大买家，而通常有好多个供应商可供选择，其替代成本相对较低。而在个人电脑业中，由于较高的替代成本，电脑生产商相对操作系统软件提供商微软公司的议价能力就很低。

产品的标准化程度和非差异化：购买者对产品的质量性能要求并不高时，产品标准化程度越高，购买者选择的范围就越大，产品竞争力就越差。差异化程度低时，转换成本也较低。低转换成本使买方对卖方的依赖程度减轻，提高了讨价还价的能力。如果卖方也存在转换成本的话，这也会增强买方的力量。

购买者后向整合的可能性：如果购买者实行了部分整合或是存在后向整合的威胁，则他们就可以在谈判中迫使对手进一步让步。同时，后向整合还可以使买方掌握更多的信息，从而提高其谈判能力。

## 2.5.5　供应商多一点好还是少一点好

在同一行业中，上述对买方相对议价能力的分析也运用于对卖方相对议价能力的分析。当供应商较少时，或当供方的产品或服务对买方企业至关重要时，供应商的议价能力较强。供应商可以通过提高供应价格，降低相应产品或服务的质量，向产业中的某个企业施加压力。供应商的压力可以迫使产品的价格无法跟上成本的增长从而使行业利润下降。供应商议价能力的强弱主要取决于以下四个因素：

第一个因素是供应商的集中程度和本行业的集中程度及供应品对本行业的重要性。

首先，如果供应商集中程度较高，即本行业原材料的供应商完全由少数几家公司控制，且下游行业的集中程度较差，即由少数几家企业供应给众多分散的企业，则供应商通常会在价格、质量和供应条件上对购买者施加较大的压力。其次，如果本行业是供应商的重要用户，供应商的命运将和本行业密切相关，则来自供应商的压力就较小；反之，供应商会对本行业施加较大的压力。另外，如果供应品对本行业的生产起关键性作用，则会提高供应商讨价还价的能力。例如，水、电、煤、电话的供应商高度集中，用户非常分散，而这些供应品又对用户的生产、生活有着至关重要的作用，因此用户在定价的过程中几乎没有发言权，也无法发言，也正因如此，国内打破公用事业垄断的呼声越来越高。

第二个因素是供应品的可替代程度。若存在着合适的可替代品，那么即使供应商再强大，它们的竞争能力也会受到牵制。

第三个因素是供应品的特色和转换成本。如果供应品具有特色并且转换成本很高，则供应商讨价还价的能力也会增强，会对本行业施加较大的压力。

第四个因素是供应者前向一体化的能力。

如果供应商有可能前向一体化，这样就增强了它们对本行业讨价还价的能力；反之，如果本行业内的企业有可能后向一体化，这样就会降低供应商对本行业讨价还价的能力。

上述行业分析实际上是指行业的结构分析，即从行业外部来观察影响行业盈利的因素，但行业的界限如何划分却不是那么严格的一件事情。比如，是仅仅考虑国内厂商还是应把国外生产商也考虑进去？具体的行业分析中应视情况对待。不恰当的行业定义将导致不完全的分析和不准确的预测。

## 2.6 案例解析

### （一）案例背景

以下是上海汽车股份有限公司招股说明书概要的部分内容：

（1）原材料供应的风险

公司所属上海汽车齿轮总厂生产的桑塔纳轿车变速器，其主要原材料为优质合金钢材，其中大部分由上海第五钢铁（集团）有限公司等国内钢铁企业提供，部分从国外进口，因此，钢材价格高低以及是否能够及时供应生产所需的优质钢材，都将会影响公司的生产经营。

（2）对主要客户的依赖

公司生产的变速器，主要供应给上海大众汽车有限公司，为桑塔纳轿车配套。上海大众汽车有限公司对该产品的需求量也将直接影响公司的生产经营。

（3）产品价格方面的限制

由于公司生产的变速器主要为桑塔纳轿车配套，所以桑塔纳轿车市场价格的高低也会对公司所产变速器价格产生间接影响。目前国内轿车市场已逐步变为买方市场，削价竞争日趋激烈，所以公司产品的售价将受到较大限制。

（4）产品结构过度集中的风险

公司目前主要产品是桑塔纳轿车四挡、五挡变速器，成立股份制公司后，将全资收购中国弹簧厂，收购上海易初通用机器有限公司 40% 股权以及上海纳铁福传动轴有限公司 35% 股权，这些企业的产品主要是轿车配件，这样，公司的产品结构相对集中。因此，轿车市场不景气，尤其是桑塔纳轿车的销路不畅时，公司的经营会受到一定影响。

（5）融资能力的局限性

轿车行业（包括轿车零配件行业）是技术、资金密集型行业，生产规模的扩大、设备的技术改造，都需要大量资金，这有赖于国家政策和银行贷款的支持。

（6）外汇风险

公司生产的桑塔纳轿车变速器主要为内销。但因其生产所需钢材仍有部分需从德国进口，且股份公司今后收购的三家企业也存在着类似情况，因此外汇汇率的变动也将影响公司的效益。公司投资的上海通用汽车有限公司合资项目起步国产化率为 40%，许多关键设备和配件需要进口，如果汇率变动，公司投资收益就会受到影响。

上海汽车齿轮总厂是目前国内最大的变速器总成生产企业，各项技术经济指标在全国同行中居领先地位，连续三年获得德国大众质量体系评审 A 级，并于 1994 年通过了 ISO 9002 质量认证，而国内其他齿轮厂无论是生产规模还是技术水平都达不到上海大众汽车有限公司对齿轮产品的要求。

## （二）分析要求

请利用以上资料，对上海汽车股份有限公司进行竞争优势分析和价值链分析，并为该公司的进一步发展提供建议。

## （三）案例分析

1. 竞争优势分析

（1）顾客的讨价还价能力。由于该公司的主要产品为变速器，并且产品主要为桑塔纳轿车配套，所以这使得公司与顾客（大众公司）在讨价还价中不占优势。

（2）供应商讨价还价能力。公司产品所需材料为优质合金钢材，这种钢材的生产厂家较少，产品替代性差，这就导致在与供应商即上海第五钢铁（集团）有限公司等的讨价还价中不占优势。

（3）现存企业的竞争。目前公司在同行业中生产规模大，技术先进，占有一定竞争优势。但从行业特点来看，汽车零部件行业中竞争者较多，转行成本较高，未来面对的竞争一定会越来越激烈。

从竞争优势分析的角度来看，公司要想在竞争中取胜，应采用低成本战略。由于公司已经具有一定生产规模，而又面对比较强大的供应商和顾客，这样，在原材料价格与产品价格都无法左右的情况下，降低成本、加强管理是获得竞争优势的途径。当然，在目前其他企业的生产规模与技术水平都无法达到顾客（大众公司）要求的时候，公司在某种程度上有差异化的特点，但这种差异化必将随着其他企业的规模扩大与技术改进而扩大。所以，公司还是应该采用低成本战略才能应付未来的竞价。

2. 价值链分析

依上述的背景资料进行分析可知，公司的价值链构成如图 2-2 所示。

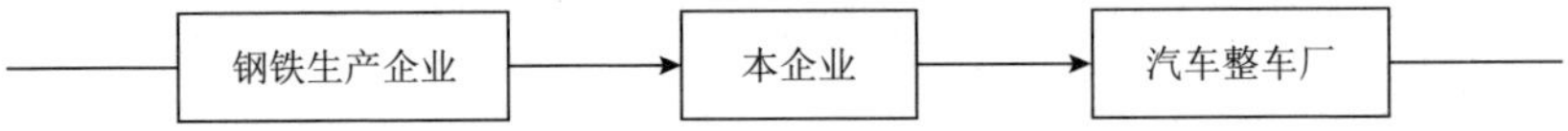


**图 2-2　公司的价值链构成**

从公司目前的情况看，公司与其顾客和供应商之间的关系较密切，或者依赖价值链的上端和下端。而对于公司来说，把公司的价值链向前或向后扩大也许是优化价值链的一个办法。另外，公司还应该寻找更多的供应商，开发更多的客户，以改变目前对单一顾客与供应商的依赖性。

综上所述，公司在进一步发展中可采取的措施主要包括：

（1）扩大生产规模，以降低成本；

（2）提高技术水平，以更好地满足顾客需要；

（3）利用募股资金进行收购兼并，以改善企业价值链构成；

（4）积极扩展供货渠道和销售渠道，以改善依赖单一客户与供货商的局面。

# 第3章 预算管理
## ——凡事预则立，不预则废

导入案例

2003 年 7 月，在东风和日产合资成立东风汽车有限公司后，“新东风”便开始推行新的预算指标，涉及几乎所有的零部件企业（未列入考核利润的企业要从成本角度进行考量）、商用车等众多板块。

资料显示，零部件事业部下属某子公司的“一版预算”利润指标仅为 3 300 万元，净资产利润率需保持在 9.5%；实行新标准后，“二版预算”将利润提高了近 82%，达到 6 000 万元，净资产利润率也改为 17.29%。东风商用车公司给车架厂下达的新利润指标是 1.72 亿元，降低成本指标为 4 500 元。东风湖北襄樊的一家零部件企业，2002 年盈利在 1.65 亿元（公司历年最高水平），2003 年的盈利任务则定在 3 亿元。

新版预算推出后，下属企业面临不同程度的困难：2003 年 1~9 月，东风重型车厂已经完成新目标的 75%，在剩余的时间内只需完成总任务的 25% 就能达到全年考核目标。这是东风能达到新要求的最好的企业。另有一家零部件企业的数据显示：截止到 2003 年 9 月，该厂仅完成利润 2 113 万元，要完成 6 000 万元，需要在余下的 4 个月中每月盈利将近 1 000 万元，即必须有 28 671 辆份的销量支撑。要实现预算目标，余下的四个月都要达到最高产量，这基本不可能实现。此外，在 1~8 月，由于水、电、气价格大幅度提价，动能费用提高了 300 多万。同时，随着市场的成熟和消费者对产品质量要求的不断提高，质量索赔时有发生，这也在不断地增加着这些企业的成本。

东风的新版考评指标对利润的要求大幅度提升，对成本指标则要求大幅度削减，所以新版预算被形象地称为“榨油计划”。

## 3.1　预算管理的概念

预算管理，是指企业以战略目标为导向，通过对未来一定期间内的经营活动和相应的财务结果进行全面的预测和筹划，科学、合理地配置企业各项财务和非财务资源，对执行过程进行监督和分析，并对执行结果进行评价和反馈，指导经营活动的改善与调整，进而推动实现企业战略目标的管理活动。

需要注意的是，预算管理全面地控制企业的生产经营活动，引导企业战略目标的落地，将企业关键问题整合为一体。因此，本处所指的预算管理是指全面预算，而不仅仅是财务预算；同时，预算管理所涉及的系统指的是企业全部业务系统，并非单纯的财务系统。

## 3.2　预算管理的主要内容

预算管理内容的本质主要是企业的经营、投资和筹资等经济管理活动，由此表现出的预算形式即：经营预算、专门决策预算和财务预算。

### 3.2.1　经营预算

经营预算（也称业务预算），是指与企业日常业务直接相关的一系列预算，包括销售预算、生产预算、采购预算、费用预算、其他经营预算等。

（1）销售预算是预算的起点，是预算期内企业销售产品或提供劳务等经营管理活动的预算，主要包括销量预测、销售收入和销售活动收取的现金流入的预算。

（2）生产预算是预算期内企业销售产品或提供劳务等经营管理活动的预算，主要包括产量预算、生产成本预算和期末产品存货预算。

（3）采购预算是指预算期内企业物资与服务的采购储备、货款支付等经营管理活动的预算，主要包括采购量、存货周转期、库存结余、货款额等。

（4）费用预算是指预算期内企业组织管理、销售和融资等经营活动而发生的管理费用、财务费用和销售费用的预算。

（5）其他经营预算是指预算期内企业日常经营活动中有关折旧、税费、薪酬等方面的预算，涉及企业采购、生产和销售的各个方面。

### 3.2.2　专门决策预算

专门决策预算是指企业重大或不经常发生的需要根据特定决策编制的预算，具体包括投资预算和融资预算。

### 3.2.3　财务预算

财务预算综合反映经营预算和专门决策预算对企业财务状况、经营成果带来的影响，主要包括：现金预算表、预计资产负债表和预计利润表。

企业进行预算管理，一般遵循以下原则：

**1. 战略导向原则**

预算管理应当围绕企业的战略目标和业务计划有序开展，引导各预算责任主体聚焦战略、专注执行、达到绩效。

**2. 过程控制原则**

预算管理应通过及时监控、分析等把握预算目标的实现进度并实施有效评价，为企业经营决策提供有效支撑。

**3. 融合性原则**

预算管理应以业务为先导、以财务为协同，将预算管理嵌入企业经营管理活动的各个领域、层次和环节之中。

**4. 平衡管理原则**

预算管理应平衡长期目标和短期目标、整体利益与局部利益、收入与支出结果和动因等关系，促进企业可持续发展。

**5. 权变性原则**

预算管理应当刚柔结合，强调对经营管理的刚性约束，又可以根据内外环境重大变化调整预算，针对例外事项进行特殊处理。

# 3.3 预算的编制

## 3.3.1 以销定产下预算编制的逻辑顺序

在市场竞争环境下，企业需要预测市场需求，并据此确定生产规模，采用以销定产的经营方式，以避免背离市场需求的生产导致库存积压。因此，在订单组织生产以及采取适时制（JIT）生产的情景下，企业预算管理为生产和运营活动配置资源时，同样需要遵循以销定产的方式。

以制造业为例，企业经营预算的编制顺序通常是先编制销售预算，再按照以销定产的方法，依次编制产量预算、直接材料预算、直接人工预算、制造费用预算、销售及管理费用预算等，同时编制基于各项专门决策的资本支出预算。

企业的财务预算是在上述经营预算和资本支出预算的基础上，按照一般会计准则和方法编制的。结合财务决算以及财务呈报的时间周期，企业经营预算和财务预算的预算期间通常为一年，与企业的会计年度一致。资本支出预算期间通常为一年，但考虑资本活动的影响期间，预算期间也可以是多年（如 3~5 年）。

## 3.3.2 经营预算中各个子预算的编制要点

### 1. 销售预算

通过对企业未来产品销售情况所作的预测，推测下一预算期的产品销售量和销售单价，这样就可以求出预计的销售收入。

$$销售收入 = 销售量 \times 销售单价$$

由于销售预算是其他预算的起点，并且销售收入是企业现金收入的最主要来源，因此销售预测的准确程度对整个全面预算的科学合理性起着至关重要的作用。

### 2. 生产预算

生产预算的编制如前所述，涉及多项内容，编制通常先确定产量预算。

（1）产量预算。产量预算是根据预计的销售量和预计的期初、期末产成品存货量，按产品分别计算出每个产品的预计生产量，计算方法为：

预计生产量 = 预计销售量 + 预计期末产成品存货量 − 预计期初产成品存货量

在编制产量预算时，不仅要考虑企业的销售能力，同时要考虑预算期期初和期末的存货量，目的是尽可能降低产品的单位成本，避免存货过多造成资金积压和浪费，或存货不足、无货销售导致收入下降。

（2）直接材料预算。预计生产量确定以后，按照单位产品的直接材料消耗量，同时考虑预计期初、期末的材料存货量，便可以编制直接材料预算：

预计直接材料采购量 = 预计生产量 + 预计期末材料存货量 − 预计期初材料存货量

与产量预算相同，在编制直接材料预算时考虑期初、期末存货的目的也在于尽可能降低产品成本，避免因存货不足影响生产，或由于材料存货过多造成资金的积压和浪费。

（3）直接人工预算。直接人工预算与直接材料预算相似，也是在生产预算的基础上进行的，计算方法为：

直接人工预算额 = 预计生产量 × 单位产品直接人工小时 × 小时工资率

（4）制造费用预算。制造费用预算是除直接材料和直接人工以外的其他产品成本的预算。这些成本按照其与生产量的相关性（即通常说的成本性态），通常可分为变动制造费用和固定制造费用两类。不同性态的制造费用，其预算的编制方法也完全不同。因此，在编制制造费用时，通常是将两类费用分别进行编制。

变动制造费用与生产量之间存在线性关系，因此其计算方法为：

变动制造费用预算额 = 预计生产量 × 单位产品预定分配率

固定制造费用与生产量之间不存在线性关系，其预算通常是根据上年的实际水平，经过适当的调整而取得的。此外，固定资产折旧作为一项固定制造费用，由于不涉及现金支出，因此在编制制造费用预算，计算现金支出时，需要将其从固定制造费用中扣除。

（5）期末产成品存货预算。期末产成品存货不仅影响生产预算，其预计金额也直接对预计利润表和预计资产负债表产生影响。其计算方法为：

期末产成品存货预算额 = 产成品单位成本 × 预计的期末产成品存货量

（6）销售成本预算。销售成本预算是在生产预算的基础上，按产品对其成本进行归集，计算出产品的单位成本，便可以得到销售成本的预算。

3. 销售与管理费用预算

销售与管理费用主要是销售部门、管理部门等涉及的各项费用，这些费用的预算编制方法在企业实践中不一而足。

## 3.4 预算类型

### 3.4.1 固定预算

固定预算，又称静态预算，是一种最基本的预算编制方法，是指在编制预算时，只根据预算期内正常、可实现的某一固定的业务量（如产量、销售量、利润等）水平作为唯一基础来编制预算的方法。固定预算一般适用于经营业务稳定，生产产品产销量稳定，能准确预测产品需求及产品成本的企业。

**例 3-1** A 公司只生产一种产品，销售单价为 50 元，预算年度内 4 个季度的生产量经测算分别为 200 件、300 件、450 件和 400 件。根据以往经验，销货款在当季可收到 60%，其余部分将在下一季度收到。预计预算年度第 1 季度可收回上年第 4 季度的应收账款 8 000 元。

根据上述资料，首先编制销售预算表，如表 3-1 所示。

**表 3-1 A 公司销售预算表**

2019年　　单位：元

| 季度 | 1 | 2 | 3 | 4 | 全年 |
|---|---|---|---|---|---|
| 预计销售量（件） | 200 | 300 | 450 | 400 | 1 350 |
| 销售单价 | 50 | 50 | 50 | 50 | 50 |
| 预计销售额 | 10 000 | 15 000 | 22 500 | 20 000 | 67 500 |

根据销售预算，前期应收账款的收回及预计收到的当期销货款的情况，就能够编制出预计现金收入表，如表 3-2 所示。现金收入计算表是编制现金预算的依据。

**表 3-2　A 公司预计现金收入计算表**

2019年　　单位：元

| 季度 | 1 | 2 | 3 | 4 | 全年 |
|---|---|---|---|---|---|
| 预计销售额 | 10 000 | 15 000 | 22 500 | 20 000 | 67 500 |
| 收到上季度应收销货款 | 3 200 | 4 000 | 6 000 | 9 000 | 22 200 |
| 收到本季销货款 | 6 000 | 9 000 | 13 500 | 12 000 | 40 500 |
| 现金收入合计 | 9 200 | 13 000 | 19 500 | 21 000 | 62 700 |

**例 3-2**　依据例 3-1 的资料，假设 A 公司期末存货量为下一季度销售量的 10%，预算年度第 1 季度期初存量为 60 件，预算年度期末存货量为 35 件。

根据销售预算的预计销售量和上述有关数据，可编制预算年度的生产预算，如表 3-3 所示。

**表 3-3　A 公司生产预算**

2019年　　单位：件

| 季度 | 1 | 2 | 3 | 4 | 全年 |
|---|---|---|---|---|---|
| 预计销售量 | 200 | 300 | 450 | 400 | 1 350 |
| 加：预计期末存货量 | 30 | 45 | 40 | 35 | 35 |
| 减：期初存货量 | 60 | 30 | 45 | 40 | 60 |
| 预计生产量 | 170 | 315 | 445 | 395 | 1 325 |

**例 3-3**　依据例 3-1 的资料，假设 A 公司所生产的产品只需要一种原材料，单位产品消耗原材料定额为 5 千克，每千克单位成本为 12 元，每季度末的材料存量为下一季度生产用量的 20%，每季度的购料款当季度支付 70%，其余款项在下季度支付。预算年度第一季度应付上年第 4 季度赊购材料为 5 000 元，估计预算年度期初材料存量为 550 千克，期末材料存量为 400 千克。

生产预算确定后，可以根据预计的生产量和上述单位产品材料消耗定额，以及期初、期末的材料存量，编制材料采购预算，如表 3-4 所示。

**表 3-4　A 公司材料采购预算计算表**

| 季度 | 1 | 2 | 3 | 4 | 全年 |
|---|---|---|---|---|---|
| 预计生产量（件） | 170 | 315 | 445 | 395 | 1 325 |

续上表

| | | | | | |
|---|---|---|---|---|---|
| 单位产品材料消耗定额（千克） | 5 | 5 | 5 | 5 | 5 |
| 生产需要量（千克） | 850 | 1 575 | 2 225 | 1 975 | 6 625 |
| 加：期末存量（千克） | 315 | 445 | 395 | 400 | 400 |
| 减：期初存量（千克） | 550 | 315 | 445 | 395 | 550 |
| 材料采购量（千克） | 615 | 1 705 | 2 175 | 1 980 | 6 475 |

在编制出采购预算后，还要根据材料采购预算的预计材料采购量、单位成本和有关材料采购款的支付情况，编制材料采购现金支出计算表，如表 3-5 所示。

**表 3-5　A 公司材料采购现金支出计算表**

2019年　单位：元

| 季度 | 1 | 2 | 3 | 4 | 全年 |
|---|---|---|---|---|---|
| 材料采购量（千克） | 615 | 1 705 | 2 175 | 1 980 | 6 475 |
| 材料单位成本 | 12 | 12 | 12 | 12 | 12 |
| 预计材料采购额 | 7 380 | 20 460 | 26 100 | 23 760 | 77 700 |
| 应付上季赊款额 | 5 000 | 2 214 | 6 138 | 7 830 | 7 128 |
| 应付本季现购款 | 5 166 | 14 322 | 18 270 | 16 632 | 54 390 |
| 现金支出 | 10 166 | 16 536 | 24 408 | 24 462 | 61 518 |

**例 3-4**　依据上述资料，假定 A 公司在预算期内所需直接人工工资率均为 12 元，单位产品的定额工时为 0.5 小时，并且 A 公司以现金支付的直接人工工资均于当期付款。

根据所给的直接人工工资率、单位产品的定额工时和产品的预计生产量，可以编制出直接人工预算表，如表 3-6 所示。

**表 3-6　A 公司直接人工预算表**

2019年

| 季度 | 1 | 2 | 3 | 4 | 全年 |
|---|---|---|---|---|---|
| 预计生产量（件） | 170 | 315 | 445 | 395 | 1 325 |
| 单位产品工时定额（小时） | 0.5 | 0.5 | 0.5 | 0.5 | 0.5 |
| 总工时用量（小时） | 85 | 157.5 | 222.5 | 197.5 | 662.5 |
| 单位工时工资率（元 / 小时） | 12 | 12 | 12 | 12 | 12 |
| 预计直接人工成本（元） | 1 020 | 1 890 | 2 670 | 2 370 | 7 950 |

## 3.4.2 弹性预算

弹性预算，又称可变预算，在企业实际经营过程中，由于市场等因素的影响，预算期的各项指标，如销售量、售价以及各种变动成本费用等，都可能发生变化，弹性预算就是在变动成本法下，充分考虑预算期各指标可能发生的变化而编制出的能适应各项指标不同变化情况的预算，从而使得预算对企业在预算期的实际情况更加具有针对性。在实际工作中，可以根据企业当时的实际业务情况选择执行相应的预算，并按此预算评价与考核各部门的预算执行情况。可见弹性预算比固定预算更便于区分责任。

弹性预算的优点在于：一方面能够适应不同经营活动情况的变化，扩大了预算的范围，更好地发挥预算的控制作用，避免了在实际情况发生变化时，对预算作频繁的修改；另一方面能够使预算对实际执行情况的评价与考核建立在更加客观可比的基础上。

弹性预算的缺点在于：运用弹性预算评价和考核实际成本时，往往需要使用插补法来计算“实际业务量的预算成本”，比较麻烦。

**例 3-5**　设 A 公司产品销售单价为 50 元，单位变动成本 24 元，固定成本 12 000 元，A 公司考虑到预算期产品销售量有可能发生变化，因而分别编制出销售量为 1 500 件，1 650 件、1 800 件和 1 950 件时的弹性利润预算表，如表 3-7 所示。

**表 3-7　A 公司弹性利润预算表**

2019年　　　　单位：元

| 销售量（件） | 1 500 | 1 650 | 1 800 | 1 950 |
|---|---|---|---|---|
| 销售收入（单价 50 元） | 75 000 | 82 500 | 90 000 | 97 500 |
| 减：变动成本（单位变动成本 24 元） | 36 000 | 39 600 | 43 200 | 46 800 |
| 贡献毛益 | 39 000 | 42 900 | 46 800 | 50 700 |
| 减：固定成本 | 12 000 | 12 000 | 12 000 | 12 000 |
| 营业净利 | 27 000 | 30 900 | 34 800 | 38 700 |

## 3.4.3 零基预算

零基预算的特点是不考虑过去的预算项目和收支水平，以零为基础编制的计划和预算。零基预算在编制时不受以往预算安排情况的影响，一切从实际需要出发，结合财力状况，审议预算年度内各项费用的内容和开支标准，在综合平衡的基础上编制。

零基预算不同于传统的预算编制方法，传统的预算方法以过去的水平为基础，结合预算期的情况，加以适当的调整而编制的预算。这种预算方式实际上承认过去是合理的，无须改进，所以很容易造成预算不足，或者是安于现状，造成浪费。

零基预算适用于企业各项预算的编制，特别是不经常发生的预算项目或预算编制基础变化较大的预算项目。

**1. 零基预算的优点**

（1）有利于提高员工的“投入——产出”意识

零基预算是以“零”为起点观察和分析所有业务活动，并且不考虑过去的支出水平，因此需要动员企业的全体员工参与预算编制，这样使得不合理的因素无法继续保留下去，从投入开始减少浪费，通过成本——效益分析，提高产出水平，从而能使员工的投入——产出意识得以增强。

（2）有利于合理分配资金

每项业务经过成本——效益分析，对每个业务项目是否应该存在、支出金额若干，都要进行分析计算，精打细算，量力而行，能使有限的资金流向富有成效的项目，所分配的资金能更加合理。

（3）有利于发挥基层单位参与预算编制的创造性

零基预算的编制过程，企业内部情况易于沟通和协调，企业整体目标更趋明确，多业务项目的轻重缓急容易得到共识，有助于调动基层单位参与预算编制的主动性、积极性和创造性。

（4）有利于提高预算管理水平

零基预算极大地增加了预算的透明度，预算支出中的人头经费和专项经费一目了然，各级之间争吵的现象可以缓解，预算会更加切合实际，会更好地起到控制作用，整个预算的编制和执行也能逐步规范，预算管理水平会得以提高。

**2. 零基预算的缺点**

尽管零基预算法和传统的预算方法相比有许多好的创新，但在实际运用中仍存在一些“瓶颈”。

（1）由于一切工作从“零”做起，因此采用零基预算法编制工作量大、费用相对较高。

由于从业务到财务的滚动预算工作，涵盖的内容较多，各项业务的预算和沟通，均会产生较大的工作量；为了提高预算编制的精度，需要考虑的特殊因素会越多，处理特殊因素会非常烦琐；同时，从业务预算到财务预算的编制过程相对复杂，表间关系众多，稍有疏忽就容易出错。

（2）分层、排序和资金分配时，可能有主观影响，容易引起部门之间的矛盾。

（3）任何单位工作项目的“轻重缓急”都是相对的，过分强调项目，可能是有关人员只注重短期利益，忽视本单位作为一个整体的长远利益。

## 3.4.4　滚动预算

滚动预算，又称连续预算或永续预算，是指在编制预算时，将预算期与会计年度脱离开，随着预算的执行不断延伸补充预算，逐期向后滚动，使预算期始终保持为一个固定期间的一种预算编制方法。

滚动预算按其预算编制和滚动的时间单位不同可分为逐月滚动、逐季滚动和混合滚动三种方式。

### 1. 逐月滚动

逐月滚动是指在预算编制过程中。滚动预算以月份为预算的编制单位和滚动单位，每个月调整一次预算的方法。这种方法比较精确，但工作量较大。

逐月滚动方式：先编制未来 12 个月的预算，在明年 1 月执行预算后，根据实际情况，修订 2 月至 12 月的预算，同时补充后年 1 月的预算；在执行了 2 月的预算后，再修订调整明年 3 月至后年 1 月预算，并补充后年 2 月的预算，滚动预算使预算期间在任何时间都始终保持 12 个月。

### 2. 逐季滚动

逐季滚动是指在预算编制过程中，以季度为预算的编制单位和滚动单位，滚动预算每个季度调整一次预算的方法。工作量比逐月滚动小，但预算精度较差。

### 3. 混合滚动

混合滚动方式是指在预算编制过程中，同时使用月份和季度作为预算的编制和滚动单位的方法。混合滚动是滚动预算的一种变通方式。

滚动预算的编制基本上是按照其他的预算方式进行，由于远期的市场等因素较难预测，因此它对近 3 个月内的预算比较详细具体，而对后 9 个月的预算则较为笼统。

滚动预算的优点：通过持续滚动预算编制、逐期滚动管理，实现动态反映市场，建立跨期综合平衡，从而有效指导企业运营，强化预算的决策和控制职能。

滚动预算的缺点：预算滚动的频率越高，对预算沟通的要求越高，预算编制的工作量越大；同时过高的滚动频率容易导致预算执行者无所适从。

## 3.4.5 作业预算

作业预算也称作业基础预算，是在传统预算方法的基础上，结合全面质量管理、作业成本法和作业管理的理念设计的一种新的预算管理方法。作业管理是指通过作业分析和改造组织的作业和业务流程，以更好地满足顾客和其他外部利益相关者的要求。作业基础预算则是在作业管理的基础上确保资源和资本的分配与作业管理的要求相一致而编制的预算。

企业应根据预测期销售量和销售收入预测各作业需求量（或服务量），进而按照作业与产出量（或服务量）之间的关系，分别按产量级作业、批次级作业、品种级作业、设施级作业等计算各类作业的需求量。

表 3-8 是为一个货运业务中心编制的作业预算。

**表 3-8　货运业务中心作业预算**

<table>
<tr><th>部门</th><th>作业</th><th>作业动因</th><th>资源费用</th><th>资源动因</th><th>作业数量</th><th>资源需求实物量</th><th>资源单价</th><th>资源需求价值量</th><th>年资源费用</th></tr>
<tr><td rowspan="5">货运业务中心</td><td>制定标准、业务指导</td><td>工作时间</td><td>人工费</td><td>二级作业中心</td><td>4 人</td><td>2 000 人工小时</td><td>50 元</td><td>100 000 元</td><td>400 000 元</td></tr>
<tr><td>市场信息收集</td><td>信息收集次数与数量</td><td>人工费</td><td>人工工时</td><td>1 000 次</td><td>1 人工小时</td><td>45 元</td><td>45 元</td><td>45 000 元</td></tr>
<tr><td rowspan="2">广告</td><td rowspan="2">宣传次数</td><td>广告费</td><td>传媒方式</td><td rowspan="2">3 次</td><td colspan="3">资源消耗比率：10 000 元 / 次</td><td>30 000 元</td></tr>
<tr><td>印刷资料</td><td>备品消耗</td><td colspan="3">资源消耗比率：2 000 元 / 次</td><td>6 000 元</td></tr>
<tr><td colspan="2">其他零星费用</td><td colspan="6"></td><td>2 000 元</td></tr>
</table>

# 第4章　成本管理
# ——层层分解，贯穿始终

导入案例

中国制造企业有90%的时间花费在物流上，物流仓储成本占据了总销售成本的30%～40%，供应链上物流的速度以及成本更是令中国企业苦恼的老大难问题。美的针对供应链的库存问题，利用信息化技术手段，一方面从原材料的库存管理做起，追求零库存标准；另一方面针对销售商，以建立合理库存为目标，从供应链的两端实施挤压，加速了资金、物资的周转，实现了供应链的整合成本优势。

美的虽多年名列空调产业的“三甲”之位，但是不无一朝城门失守之忧。自2000年来，在降低市场费用、裁员、压低采购价格等方面，美的频繁变招，其路数始终围绕着成本与效率。在广东地区已经悄悄为终端经销商安装进销存软件，即实现“供应商管理库存”（以下简称VMI）和“管理经销商库存”中的一个步骤。

对于美的来说，其较为稳定的供应商共有300多家，其零配件（出口、内销产品）加起来一共有3万多种。从2002年中期开始，美的集团利用信息系统，在全国范围内实现了产销信息的共享。有了信息平台做保障，美的原有的100多个仓库精简为8个区域仓，在8小时可以运到的地方，全靠配送。这样一来美的集团流通环节的成本降低了15%～20%。运输距离长（运货时间3～5天的）的外地供应商，一般都会在美的的仓库里租赁一个片区（仓库所有权归美的），并把其零配件放到片区里面储备。

在美的需要用到这些零配件的时候，它就会通知供应商，然后再进行资金划拨、取货等工作。这时，零配件的产权，才由供应商转移到美的手上——而在此之前，所有的库存成本都由供应商承担。此外，美的在ERP（企业资源管理）基础上与供应商建立了直接的交货平台。供应商在自己的办公地点，通过互联网（WEB）的方式就可登录到美的公司的页面上，看到美的的订单内容；品种、型号、数量和交货时间等，然后由供应商确认信息，这样一张采购订单就已经合法化了。

实施 VMI 后，供应商不需要像以前一样疲于应付美的的订单，而只需做一些适当的库存即可。供应商则不用备很多货，一般能满足 3 天的需求即可。美的的零部件年库存周转率，在 2002 年上升到 70 ~ 80 次 / 年。其零部件库存也由原来平均的 5 ~ 7 天存货水平，大幅降低为 3 天左右，而且这 3 天的库存也是由供应商管理并承担相应成本。

库存周转率提高后，一系列相关的财务“风向标”也随之“由阴转晴”，让美的“欣喜不已”；资金占用降低、资金利用率提高、资金风险下降、库存成本直线下降。

在对业务链后端的供应体系进行优化的同时，美的也正在加紧对前端销售体系的管理进行渗透。在经销商管理环节上，美的利用销售管理系统可以统计到经销商的销售信息（分公司、代理商、型号、数量、日期等），而近年来则公开了与经销商的部分电子化往来，以前是半年一次的手工性的繁杂对账，现在则进行业务往来的实时对账和审核。

在前端销售环节，美的作为经销商的供应商，为经销商管理库存。这样的结果是，经销商不用备货了，“即使备货也是五台十台这种概念”——不存在淡季打折款。经销商缺货，美的立刻就会自动送过去，而不需经销商提醒。经销商的库存“实际是美的自己的库存”。这种存货管理上的前移，使美的可以有效地削减销售渠道上昂贵的存货，而不是任其堵塞在渠道中，让其占用经销商的大量资金。

2002 年，美的以空调为核心对整条供应链资源进行整合，更多的优秀供应商被纳入美的空调的供应体系，美的空调供应体系的整体素质有所提升。依照企业经营战略和重心的转变，为满足制造模式“柔性”和“速度”的要求，美的对供应资源布局进行了结构性调整，供应链布局得到优化。通过厂商的共同努力，整体供应链在“成本”“品质”“响应期”等方面的专业化能力得到了不同程度的提高，供应链能力得到提升。

目前，美的空调成品的年库存周转率大约是接近 10 次，而美的的短期目标是将成品空调的库存周转率提高 1.5~2 次。目前，美的空调成品的年库存周转率不仅远低于戴尔等电脑厂商，也低于年周转率大于 10 次的韩国厂商。库存周转率提高一次，可以直接为美的空调节省超过 2 000 万元人民币的费用。由于采取了一系列措施，美的已经在库存管理上尝到了甜头，2002 年度，美的销售量同比 2001 年度增长 50% ~ 60%，但成品库存却降低了 9 万台，因而保证了在激烈的市场竞争下维持了相当的利润。

## 4.1　成本的概念及其分类

经济的发展以及市场竞争的强化，推动了企业内部决策和管理控制实践的持续改进，管理会计领域中许多新的成本概念应运而生。它们出于决策的需要，不再局限于财务会计领域权责发生制基础上的成本或费用范畴，从而与财务会计领域对外财务报告用途下的成本概念既有相同之处，也有不同之处，这也是管理会计与财务会计既有区别又有联系的重要体现。

### 4.1.1　成本按经济用途分类

基于企业已经发生的资源消耗，成本按经济用途可以分为制造成本和非制造成本两大类，这是财务会计领域中有关成本分类的最主要方法，也是一种传统的成本分类方法。其分类结果主要用来确定产品成本、存货成本和期间损益，满足对外财务报告的需要。

1. 制造成本

制造成本也称为生产成本或生产经营成本，是指为制造（生产）产品或提供劳务而发生的支出。就制造企业而言，制造成本可根据其具体的经济用途分为直接人工、直接材料和制造费用三类。

（1）直接人工。指在制造过程中直接对制造对象施加影响以改变其性质或形态所耗费的人工成本。核算上即为生产工人的工资。

（2）直接材料。指在制造过程中直接用以构成产品主要实体的各种材料成本。这里所说的材料，是指构成其产品的各种物资，当然也包括外购半成品，而不仅仅指各种天然的、初级的原材料。例如，汽车制造所用的汽车轮胎购自橡胶厂，对橡胶厂而言，轮胎当然是产成品；而对汽车制造厂来说，轮胎只不过是汽车这一产品的原材料之一。

直接人工与直接材料的共同特征是，都可以将其成本准确、直接地归属于某一种产品，最能体现成本“对象性”这一传统的本质属性。

（3）制造费用。指为制造产品或提供劳务而发生的各项间接费用。从核算的角度讲，制造费用包括直接人工、直接材料以外的为制造产品或提供劳务而发生的全部支出，这部分支出一般情况下需分配计入不同产品。制造费用内容比较繁杂，通常将其细分为：

①间接人工。指为生产提供劳务而不直接进行产品制造的人工成本，如设备养护、维修人员的工资。

②间接材料。指在产品制造过程中被耗用，但不容易归入某一特定产品的材料成本，或者是不必要单独选择分配标准以确定其归属某一特定产品份额的材料成本，如各种工具、物料的消耗成本。

③其他制造费用。指不属于直接人工和直接材料的其他各种间接费用，如固定资产的折旧费、维修费、保险费，车间动力费、照明费等。

2. 非制造成本

非制造成本也称为期间成本或期间费用，通常可分为销售成本、管理成本和财务成本。销售成本指为销售产品而发生的各项成本，如专职销售人员的工资、津贴和差旅费，专门销售机构固定资产的折旧费、保险费、广告费、运输费等；管理成本指制造成本和销售成本以外的所有办公和管理费用，如董事会经费，行政管理人员的工资、差旅费、办公费，行政管理部门固定资产的折旧费及相应的保险费和财产税等；财务成本则是企业理财过程中发生的各种成本，如借款的利息支出。

销售成本与管理成本的共同点是其成本支出可以使企业整体受益，但难以描述这项支出与特定产品之间的因果关系。销售成本中某些支出如运输费、差旅费可能与某种产品有直接关系，但由于这种关系涉及客户和供应商两方，本次支出对未来收益的影响需要进行评估，这种关系仍难以描述，这些支出也就难以直接归属到某一特定产品或服务了。因此，销售成本和管理成本在财务上被处理为期间成本，直接计入当期损益，国际惯例如此，我国《企业会计准则》也对此作出了明确规定。

### 4.1.2 成本按性态分类

对于企业已经发生的资源消耗，需要开展成本分析，为什么会发生这些成本，它们围绕什么因素变化，从而探索企业成本变化的规律，在西方的管理会计教材中也称作成本行为。

由成本变化规律衍生出一个关键概念，这就是成本性态，也称成本习性。所谓成本性态是指成本总额对业务总量（产量或销售量）的依存关系。成本总额对业务总量的依存关系是客观存在的，而且具有规律性。对成本按性态进行划分可以说是管理会计这一学科的重要基石，管理会计作为决策会计的角色，其许多决策方法尤其是短期决策方法都需要借助成本性态这一概念。

按照成本总额是否围绕业务总量变化，成本按性态可以分为三类，分别是固定成本、变动成本以及兼具固定成本和变化成本特征的混合成本。

1. 固定成本

（1）固定成本是指其总额在一定期间和一定业务量范围内，不受业务量变动的影响而保持固定不变的成本。行政管理人员的工资、办公费、财产保险费、不动产税、按直线法计提的固定资产折旧费、职工教育培训费等，均属于固定成本。固定成本总额不受业务总量变动的影响，但单位业务量所负担的固定成本直接受业务总量变动的影响，如图 4-1 和 4-2 所示。

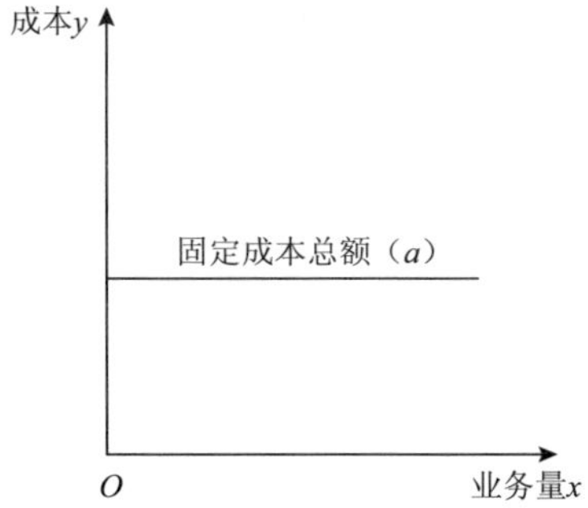


**图 4-1　固定成本总额与业务量关系**

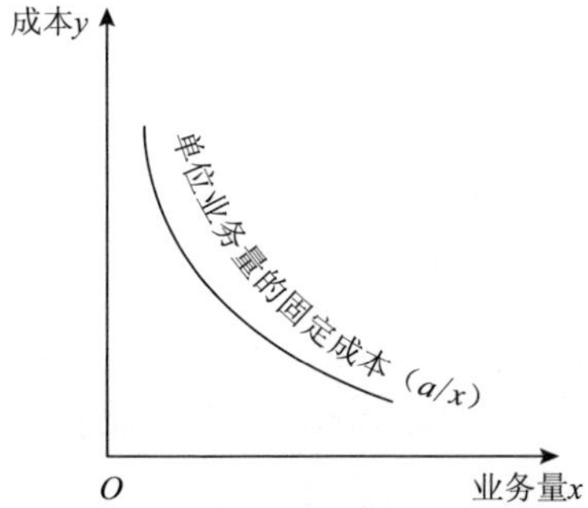


**图 4-2　单位业务量的固定成本与业务量关系**

（2）固定成本的分类。符合固定成本概念的支出在“固定性”的强弱上是有差别的，所以固定成本又细分为酌量性固定成本和约束性固定成本。

①酌量性固定成本也称为选择性固定成本或者任意性固定成本，是指管理者的决策可以改变其支出数额的固定成本，如广告费、职工教育培训费、技术开发费等。这些成本的基本特征是，其数额大小直接取决于企业管理者根据企业的经营状况所作出的决策。从性质上讲，酌量性固定成本支出的大小直接关系到企业未来竞争能力，企业管理者应权衡利弊，对酌量性固定成本作出合理决策。

企业管理者通常应在每一会计年度开始前，制定酌量性固定成本年度开支预算，决定每一项开支的多少以及新增或取消某项开支。因此，管理者的判断力非常重要。

②约束性固定成本与酌量性固定成本相反，是指管理者的决策无法改变其支出数额的固定成本，因而也称为承诺性固定成本。例如，厂房及机器设备按直线法计提的折旧费、房屋及设备租金、不动产税、财产保险费、照明费、行政管理人员的薪金等，均属于约束性固定成本。约束性固定成本是企业维持正常生产经营能力所必须负担的最低固定成本，其支出数额的大小只取决于企业生产经营的规模与质量，因而具有很大的约束性，企业管理者的决策不能改变其数额。正是由于约束性固定成本与企业的经营能力相关，因而又称为“经营能力成本”；又由于企业的经营能力一旦形成，短期内难以改变，即使经营暂时中断，该项固定成本仍将维持不变，因而也称为“能量成本”。约束性固定成本的性质决定了该项成本的预算只能着眼于经济合理地利用企业的生产经营能力。

从短期决策的角度看，酌量性固定成本及约束性固定成本与企业的业务量水平均无直接关系。

（3）固定成本的相关范围。就时间范围而言，固定成本表现为在某一特定期间内具有固定性。因为从较长时期看，所有成本都具有变动性，即使“约束性”很强的约束性固定成本，也会随着时间的拉长而越来越具有变动性。随着时间的推移，一个正常成长的企业，其经营能力无论是从规模上还是从质量上均会发生变化：厂房势必扩大，设备势必更新，行政管理人员也势必增加，这些均会导致折旧费用、财产保险费、不动产税以及行政管理人员薪金的增加，经营能力的变化就会导致上述费用发生变化。就空间范围而言，固定成本表现为在某一特定业务量水平内具有固定性。因为业务量一旦超出这一水平，同样势必扩大厂房、更新设备和增加行政管理人员，相应的费用也势必增加。就固定成本的时间范围限定和空间范围限定而言，空间范围的限定也就是业务量水平的限定更具有实际操作意义，成本按性态划分也正是体现了这一意义。如图 4-3 所示。

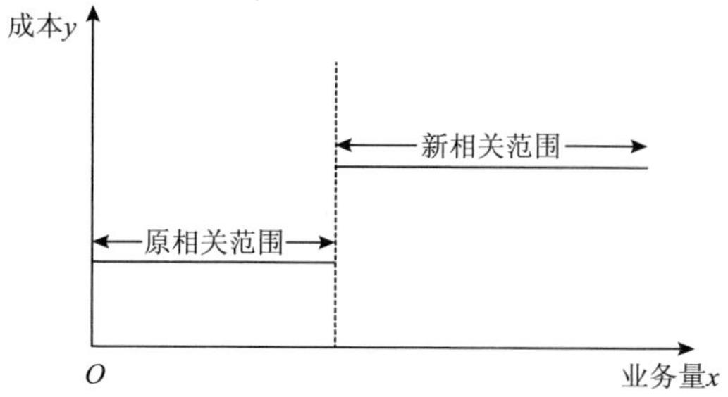


**图 4-3　固定成本相关范围**

### 2. 变动成本

（1）变动成本的含义。

变动成本是指在一定期间和一定业务量范围内，其总额随着业务量的变动而呈正比例变动的成本。例如，直接材料费、产品包装费、按件计酬的工人薪金、推销佣金以及按加工量计算的固定资产折旧费等，均属于变动成本。与固定成本形成鲜明对比的是，变动成本的总量随业务量的变化呈正比例变动关系，而单位业务量中的变动成本则保持不变，如图 4-4 和 4-5 所示。

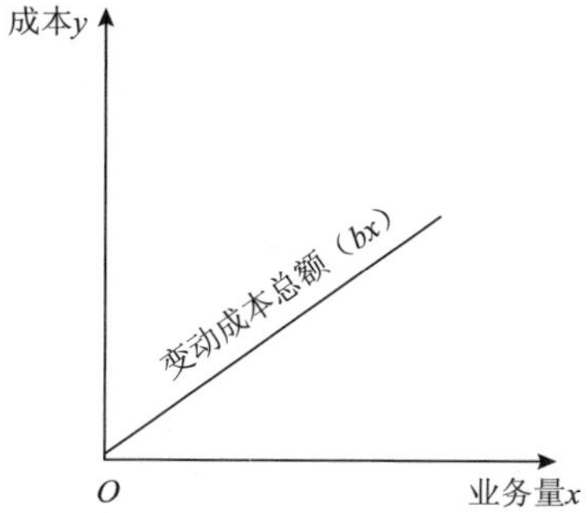


**图 4-4　变动成本总额与产量关系**

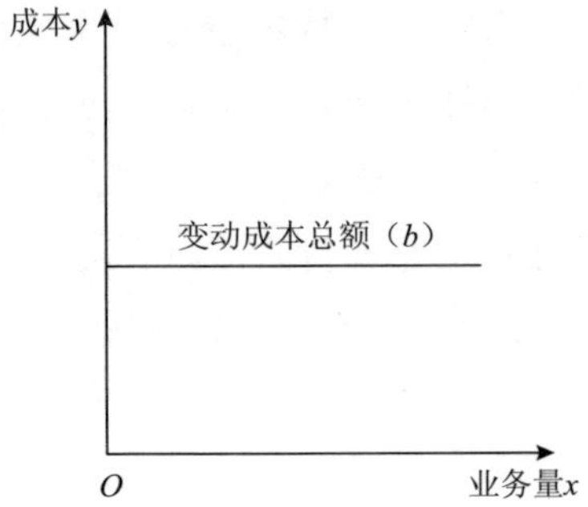


**图 4-5　单位变动成本与产量关系**

（2）变动成本的分类。

变动成本可以分为酌量性变动成本和约束性变动成本。

酌量性变动成本是指企业管理者的当前决策可以改变其支出数额的变动成本，如按产量计酬的工人薪金、按销售收入的一定比例计算的销售佣金等。这些支出的比例或标准取决于企业管理者的决策。例如，在确定计件工资时就必须考虑当时的劳动力市场情况，在确定销售佣金时必须考虑所售产品的市场情况等。

约束性变动成本是指企业管理者的当前决策无法改变其支出数额的变动成本。这类成本通常表现为企业所生产产品的直接物耗成本，以直接材料成本最为典型。当企业所生产的产品定型（包括外形、大小、色彩、重量、性能等方面）后，上述成本的大小对企业管理者而言就有了很大程度的约束性，如这类成本改变了往往也意味着企业的产品改型了。

对特定产品而言，酌量性变动成本和约束性变动成本的单位量是确定的，其总量均随着产品产量（或销量）的变动而呈正比例变动。

（3）变动成本的相关范围。

变动成本与固定成本相似，只有在相关范围内，变动成本总额与业务量才存在完全的线性关系，一旦超出了这一相关范围，它们之间就可能表现为非线性关系。

例如，当企业生产一种产品时，在产品生产的初级阶段，产量较低，单位产品所消耗的材料和工时较多，变动成本就不会同产量呈正比例变动。一般来说，成本的增加幅度低于产量的增加幅度，总成本线呈现一定的向下弯曲的非线性状态。在产量增加的中间阶段，随着产量的递增，生产的稳定性和效率逐步提高，从而使得单位产品的消耗趋于平稳，产品成本与产量呈现完全的线性关系。变动成本的“相关范围”就指这一段而言。若产量达到一定的规模，再继续增加，就会出现“生产疲劳”现象。由于废品增多，加班生产提高单件人工工资等原因，使得单位产品成本趋于上升。这时，总成本线呈现一定的向上弯曲的非线性状态。变动成本相关范围如图 4-6 所示。

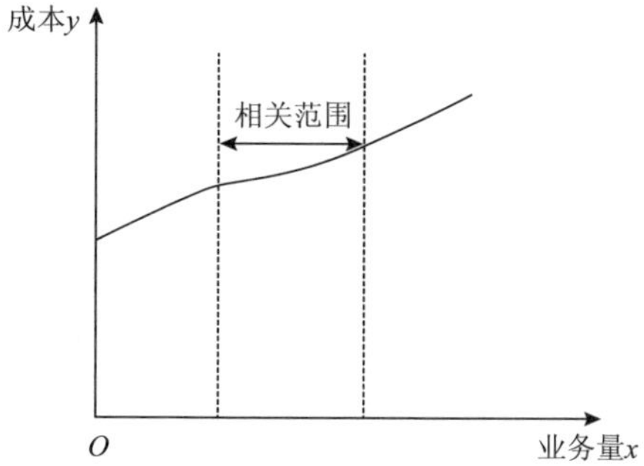


**图 4-6　变动成本相关范围示意图**

### 3. 混合成本

混合成本是指除固定成本和变动成本之外的，介于两者之间的成本，它们随着业务量的变动而变动，但不是成正比例关系。

混合成本的情况比较复杂，其发生额虽然受业务量变动的影响，但其变动幅度并不同业务量保持严格的比例关系。如机器设备的维修费、检验人员工资、有固定月租费的电话费等。

混合成本根据其发生的具体情况，通常可以分为以下三类。

（1）半变动成本

半变动成本，是指在一定初始量的基础上随业务量的增长呈正比例增长的成本。例如，电话费、煤气费等公用事业费、机器设备的维护费和修理费等。

这类成本通常有一个初始量（即初始基数），一般不随业务量变化，相当于固定成本；在这个基础上，成本总额随产量变化成正比例变化，又相当于变动成本。这两部分成本混合在一起，构成半变动成本。

**例 4-1**　某企业租用一台设备，租赁合同中规定，租金分为两部分：年固定租金 10000 元，设备每运行 1 小时支付租金 2 元。假设该设备 2019 年共运转了 4 000 小时，则共支付租金：

10 000+2×4 000=18 000（元）

可见，这项租金支出包括两部分：固定成本 10 000 元和变动成本 2×4 000=8 000（元）。

若在坐标图中以本例来演示半变动成本的特征，如图 4-7 所示。

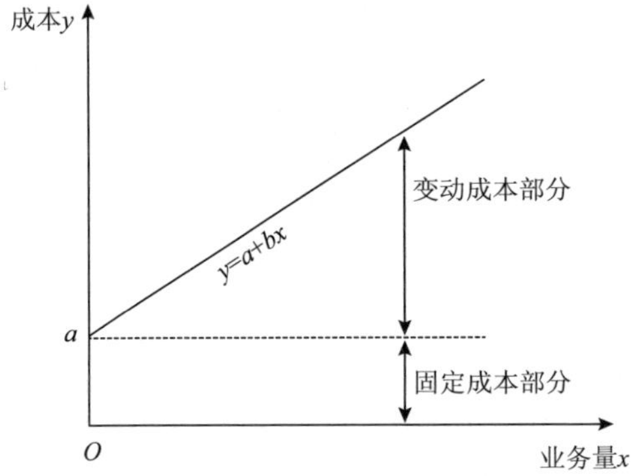


**图 4-7　半变动成本性态图**

（2）半固定成本

半固定成本是指总额随业务量呈阶梯式增长的成本，亦称阶梯式成本（如图 4-8）。其特点是：在一定业务量范围内，发生额保持不变；当业务量增长到一定限度时，其发生额会突然跳跃到一个新的水平，然后，在新的业务量范围内，其发生额又保持不变，直到另一个新的跳跃为止。例如，受开工班次影响的动力费、检验人员工资等。

**例 4-2**　每个质检员每月可检验 1 000 件产品，每个质检员的月工资为 1 000 元。若企业每月生产的产品超过 1 000 件而低于 2 000 件时，则需要增加一名质检员，质检员的工资变成了 2 000 元。这样，质检员的月工资支出在月产量超过 1 000 件时，跳跃性地增加 1 000 元。依此类推，在不同的产量下，质检员的工资呈阶梯式增长。

对于阶梯式成本，可根据产量变动范围的大小，分别归属于固定成本和变动成本。例如，产量变动的范围在 1 000 ~ 2 000 件时，可视质检员的工资为固定成本。若产量的变动范围在 1 000 ~ 5 000 件时，可视之为变动成本。

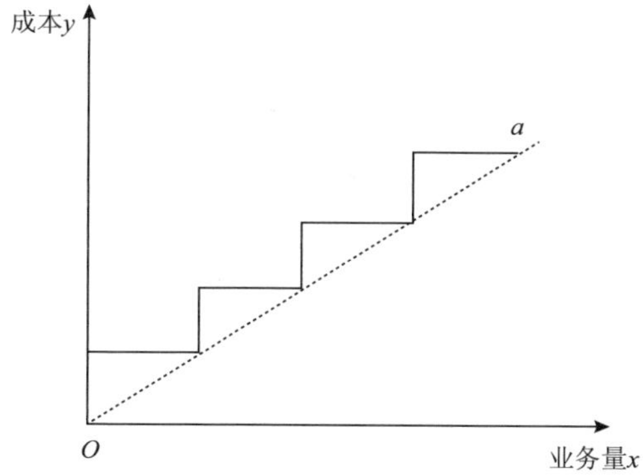


图 4-8　半固定成本性态图

（3）延期变动成本

延期变动成本，又称低坡式混合成本，指其总额在一定业务量范围内保持稳定，但当业务量超过这一特定范围后，则随业务量呈正比例变动。例如，企业支付给职工的工资一般是固定不变的，但当职工加班时，企业则要根据加班时间支付加班费，这种人工成本就属于延期变动成本。延期变动成本性态图如图 4-9 所示。

**例 4-3**　某企业规定，销售人员的薪金由两部分构成：基本工资和提成。月销售量在 1 000 件以内，支付基本工资 1 000 元；超过 1 000 件，除基本工资外，每超过 1 件提成 2 元。

此例中，销售人员的工资支出就属于延期变动成本，月销售额在 1 000 件以下时，表现为固定成本，即基本工资支出 1 000 元；月销售额在 1 000 件以上时，除了包含固定工资支出 1 000 元外，每增加 1 件销量，工资支出增加 2 元，为变动成本。

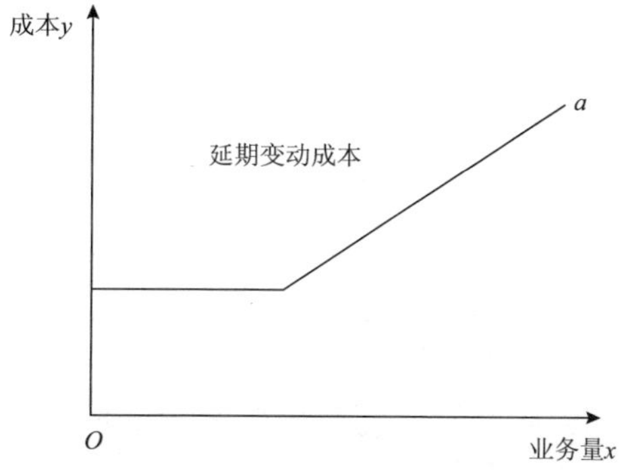


图 4-9　延期变动成本性态图

### 4.1.3 其他成本概念及分类

企业经营决策中，需要通过比较不同备选方案经济效益的大小进行最优化选择。而影响经济效益大小的重要因素就是成本的高低，在某些情况下（如成本型决策中），成本的高低甚至决定了备选方案的优劣。当然，与财务会计相比，管理会计进行决策所应用的成本概念在内涵和外延上都有很大不同。

1. 机会成本

企业在进行经营决策时，必须从多个备选方案中选择一个最优方案，而放弃其余方案的最大潜在收益就称为已选中方案的机会成本。由此可见，机会成本是指企业在经营决策选定方案时所要放弃的最大潜在收益。

机会成本与财务会计之前的成本概念存在明显的不同，它是在决策时预测和评估得到的，并非企业的切实资源耗费。应用机会成本进行决策时意味着选择一个给定方案时，应考虑其余备选方案的潜在收益，进行全面比较、评价。

**例 4-4** 某公司现有一空置的车间，既可以用于生产 M 产品，也可以用于出租。如果用来生产 M 产品，其收入为 40 000 元，成本费用为 20 000 元，可获净利 20 000 元；用于出租则可获租金收入 12 000 元。在决策中，如果选择用于生产 M 产品，则必然放弃出租方案，其本来可能获得的租金收入 12 000 元应作为生产 M 产品的机会成本，由生产的 M 产品负担。这时，我们可以得出正确的判断结论：生产 M 产品将比出租多获净利 8 000 元。

应注意的是，由于机会成本只是被放弃方案的潜在利益，而非实际支出，因而不能据以登记入账。但由于企业资源的有限性，必须充分利用资源效益，所以机会成本在经营决策中应作为一个现实的重要因素予以考虑。

2. 边际成本

从理论上讲，边际成本是指业务量每变动一个单位所引起成本的变化。在已知成本函数时，边际成本可以通过一阶微分的方式计算得到，从而令成本分析不再局限于具体的数据，可以形成更具有一般性的分析结论。

3. 沉没成本与付现成本

决策相关成本与无关成本可以具体体现为沉没成本与付现成本。沉没成本是指过去已经发生并无法由现在或将来的任何决策所改变的成本。由于沉没成本是对现在或将来的任何决策都无影响的成本，因此决策时不予考虑。

**例 4-5**　某企业有一台旧设备要提前报废，其取得成本为 20 000 元，已提折旧 18 000 元，折余净值为 2 000 元，这 2 000 元的折余价值就是沉没成本。假设处理这台旧设备有两个方案可以考虑：一是将旧设备直接出售，可获得变价收入 1 000 元；二是经修理后再出售，需支出修理费用 500 元，但可获得 1 600 元。

在进行决策时，由于旧设备折余价值 2 000 元属于过去已经支出再无法收回的沉没成本，所以不予考虑，只需将这两个方案的收入加以比较。直接出售可得收入 1 000 元，而修理后出售可得净收入 1 100 元（1 600−500），显然，采用第二方案比采用第一方案可多得 100 元（1 100−1 000）。所以，应将旧设备修理后再出售。

可见，沉没成本是企业在以前经营活动中已经支付现金，而在现在或将来经营期间摊入成本费用的支出，如固定资产、无形资产、递延资产等均属于企业的沉没成本。

付现成本是指由现在或将来的任何决策所能够改变其支出数额的成本。付现成本是决策必须考虑的重要影响因素。

**4. 专属成本与联合成本**

将成本性态的概念融入决策相关性中，就会出现一个疑问，那些不随业务量变化的固定成本是否与决策有关。事实上，固定成本按其所涉及决策影响范围的大小，划分为专属成本和联合成本。

专属成本是指可以明确归属于企业生产的某种产品，或为企业设置的某个部门而发生的固定成本。没有这些产品或部门，就不会发生这些成本，所以专属成本是与特定产品或部门相联系的特定成本。例如，专门生产某种产品的专用设备折旧费、保险费等。

联合成本是指为多种产品的生产或为多个部门的设置而发生的，应由这些产品或这些部门共同负担的成本。例如，在企业生产过程中，几种产品共同的设备折旧费、辅助车间成本等都属于联合成本。

在进行方案选择时，专属成本是与决策有关的成本，必须予以考虑；而联合成本则是与决策无关的成本，可以不予考虑。

#### 5. 相关成本与无关成本

企业在进行经营决策时，可供选择的多种方案中所涉及的各种成本，有些与方案选择有关，而有些则无关。

相关成本是对决策有影响的各种形式的未来成本，如机会成本、边际成本、付现成本、专属成本、差量成本、酌量性成本等。

那些对决策没有影响的成本，称为无关成本。这类成本过去已经发生，或对未来决策没有影响，因而在决策时不予考虑，如沉没成本、联合成本、约束性成本等。

需要指出的是，某项成本到底属于相关成本还是无关成本，必须结合具体的决策来论，抛开决策内容而论成本的相关性是没有意义的。换句话说，成本的无关性是相对的，相关性是绝对的。举例来说，假设一艘货船不幸沉入海底，当决策内容是应购买一艘多大吨位、哪里生产、以什么作为燃料的货船时，沉没货船的公允市价当然是无关成本，但当决策内容是应否将沉船打捞上来时，沉没货船的公允市价当然就是相关成本，人们至少会将其与打捞费用进行比较。

### 4.1.4 变动成本法与完全成本法

管理会计领域发展出成本性态的概念并开展成本分解的重要用途是计算和分析企业各项经营业务的变动成本与固定成本，以服务于经营决策。在制造业，企业产品成本也可以按照成本性态分解，于是产品成本只包含变动成本的核算方法，即变动成本法应运而生。

所谓变动成本法，具体是指在计算产品成本时，只包括产品生产过程中所消耗的直接材料、直接人工和制造费用中的变动性部分，而不包括制造费用中的固定性部分。制造费用中的固定性部分被视为期间成本而从相应期间的收入中全部扣除。

与变动成本法相对应，财务会计中的成本核算不仅仅包含了产品生产过程中所消耗的直接材料、直接人工，还包括全部的制造费用（变动性的制造费用和固定性的制造费用）。所以，管理会计将与变动成本法相对的传统成本核算称为完全成本法，以示二者间的区别。

与完全成本法相比，变动成本法立足于成本性态的分析和分解，能够为预测、决策、控制提供更为有用的信息，于是变动成本法作为一种非传统的成本计算方法，广泛应用于西方企业的内部管理。

## 4.2　成本管理的框架

### 4.2.1　成本管理的含义

成本管理，是指企业在运营过程中实施成本预测、成本决策、成本计划、成本控制、成本核算、成本分析和成本考核等系列管理活动的总称。成本管理是企业管理的一个重要组成部分，它要求系统全面、科学合理，对于促进增产节支，加强经济核算，改进企业管理，提高企业整体成本管理水平具有重大意义。

在不同的经济环境中，企业成本管理系统总体目标的表现形式也不同。在竞争性经济环境中，成本管理系统的总体目标主要依竞争战略而定。在成本领先战略指导下，成本管理系统的总体目标是追求成本水平的绝对降低，而在差异化战略指导下，成本管理系统的总体目标则是在保证实现产品、服务等方面差异化的前提下，对产品全生命周期成本进行管理，实现成本的持续性降低。

### 4.2.2　成本管理的基本原则

企业进行成本管理，一般应遵循以下原则：

1. 融合性原则

成本管理应以企业业务模式为基础，将成本管理嵌入业务的各领域、各层次、各环节，实现成本管理责任到人、控制到位、严格考核、落实目标。

2. 适应性原则

成本管理应与企业生产经营特点和目标相适应，尤其要与企业发展战略或竞争战略相适应。

3. 成本效益原则

成本管理应用相关工具方法时，应权衡其为企业带来的收益和付出的成本，避免获得的收益小于其投入的成本。

4. 重要性原则

成本管理应重点关注对成本具有重大影响的项目，对于不具有重要性的项目可以适当简化处理。

### 4.2.3 成本管理的基本工具及其应用

成本管理领域应用的管理会计工具方法，一般包括目标成本法、标准成本法、变动成本法、作业成本法等。

企业应结合自身的成本管理目标和实际情况，在保证产品的功能和质量的前提下，选择应用适合企业的成本管理工具方法或综合应用不同成本管理工具方法，以更好地实现成本管理的目标。综合应用不同成本管理工具方法时，应以各成本管理工具方法具体目标的兼容性、资源的共享性、适用对象的差异性、方法的协调性和互补性为前提，通过综合运用成本管理的工具方法实现最大效益。

### 4.2.4 成本管理的应用环境

企业应建立健全成本管理的制度体系，一般包括费用审报制度、定额管理制度、责任成本制度等。应用成本管理的基本工具时，首先，企业应建立健全成本相关原始记录，加强和完善成本数据的收集、记录、传递、汇总和整理工作，确保成本基础信息记录真实、完整。其次，企业应加强存货的计量验收管理，建立存货的计量、验收、领退及清查制度。最后，企业应充分利用现代信息技术，规范成本管理流程，提高成本管理的效率。

### 4.2.5 成本管理工具方法的应用程序

企业应用成本管理工具方法，一般按照事前管理、事中管理、事后管理的程序进行。

## 4.3 目标成本法

### 4.3.1 目标成本法的含义

目标成本法，是指企业以市场为导向，以目标售价和目标利润为基础确定产品的目标成本，从产品设计阶段开始，通过各部门、各环节乃至与供应商的通力合作，共同实现目标成本的成本管理方法。目标成本法要求企业以创造和提升客户价值为前提，以成本降低或成本优化为主要手段，谋求竞争中的成本优势，保证目标利润的实现。

目标成本法一般适用于制造业企业成本管理，也可在物流、建筑、服务等行业应用。企业应用目标成本法，要求处于比较成熟的买方市场环境，且产品的设计、性能、质量、价值等呈现出较为明显的多样化特征。

### 4.3.2　目标成本法的应用程序

应用目标成本法一般需经过目标成本的设定、分解、达成到再设定、再分解、再达成多重循环，以持续改进产品方案。企业应用目标成本法，一般按照确定应用对象、成立跨部门团队、收集相关信息、计算市场容许成本、设定目标成本、分解可实现目标成本、落实目标成本责任、考核成本管理业绩以及持续改善等程序进行。

### 4.3.4　目标成本法的优缺点

1. 目标成本法的优点

（1）突出从原材料到产品出货全过程成本管理，有助于提高成本管理的效率和效果；

（2）强调产品寿命周期成本的全过程和全员管理，有助于提高产品价值和产品市场竞争力；

（3）谋求成本规划与利润规划活动的有机统一，有助于提升产品的综合竞争力。

2. 目标成本法的缺点

目标成本法的应用不仅要求企业具有各类所需要的人才，更需要各有关部门和人员的通力合作，要求较高的管理水平。

## 4.4　标准成本法

### 4.4.1　标准成本法的含义

标准成本法，是指企业以预先制定的标准成本为基础，通过比较标准成本与实际成本，计算和分析成本差异、揭示成本差异动因，进而实施成本控制、评价经营业绩的一种成本管理方法。其中，标准成本，是指在正常的生产技术水平和有效的经营管理条件下，企业经过努力应达到的产品成本水平。成本差异，是指实际成本与相应标准成本之间的差额。当实际成本高于标准成本时，形成超支差异；当实际成本低于标准成本时，形成节约差异。

企业应用标准成本法的主要目标，是通过标准成本与实际成本的比较，揭示与分析标准成本与实际成本之间的差异，并按照例外管理的原则，对不利差异予以纠正，以提高工作效率，不断改善产品成本。

标准成本法一般适用于产品及其生产条件相对稳定，或生产流程与工艺标准化程度较高的企业。企业应用标准成本法，要求处于较稳定的外部市场经营环境，且市场对产品的需求相对平稳。

### 4.4.2 标准成本法的应用程序

企业应用标准成本法，一般按照确定应用对象、制订标准成本、实施过程控制、成本差异计算与动因分析，以及修订与改进标准成本等程序进行。

### 4.4.3 标准成本法的优缺点

1. 标准成本法的优点

（1）能及时反馈各成本项目不同性质的差异，有利于考核相关部门及人员的业绩；

（2）标准成本的制定及其差异和动因的信息可以使企业预算的编制更为科学和可行，有助于企业的经营决策。

2. 标准成本法的缺点

（1）要求企业产品的成本标准比较准确、稳定，在使用条件上存在一定的局限性；

（2）对标准管理水平的要求较高，系统维护成本较高；

（3）标准成本需要根据市场价格波动频繁更新，导致成本差异可能缺乏可靠性，降低了成本控制效果。

### 4.4.4 标准成本的制定

制定标准成本，通常首先确定直接材料和直接人工的标准成本；其次确定制造费用的标准成本；最后确定单位产品的标准成本。

在制定时，无论是哪一个成本项目，都需要分别确定其用量标准和价格标准，两者相乘后得出单位产品的标准成本。

用量标准包括单位产品材料消耗量、单位产品直接人工工时等，主要由生产技术部门主持制定，吸收执行标准的部门和职工参加。

价格标准包括原材料单价、小时工资率、小时制造费用分配率等，由会计部门和有关其他部门共同研究确定。采购部门是材料价格的责任部门，劳资部门和生产部门对小时工资率负有责任，各生产车间对小时制造费用率承担责任，在制定有关价格标准时要与相关部门协商。

无论是价格标准还是用量标准，都可以是理想状态或正常状态的，据此得出理想的标准成本或正常的标准成本。下面介绍正常标准成本的制定。

**1. 直接材料标准成本**

直接材料的标准消耗量，是用统计方法、工业工程法或其他技术分析方法确定的。它是现有技术条件生产单位产品所需的材料数量，包括必不可少的消耗以及各种难以避免的损失。

直接材料的价格标准，是预计下一年度实际需要支付的进料单位成本，包括发票价格、运费、检验和正常损耗等成本，是取得材料的完全成本。

**例 4-6**　下面是一个直接材料标准成本的实例，如表 4-1 所示。

**表 4-1　直接材料标准成本（产品：A）**

| 标准 | 材料甲 | 材料乙 |
| --- | --- | --- |
| 价格标准 | — | — |
| 发票单价（元） | 1.00 | 4.00 |
| 装卸检验费（元） | 0.07 | 0.28 |
| 每千克标准价格（元） | 1.07 | 4.28 |
| 用量标准 | — | — |
| 图纸用量（千克） | 3.0 | 2.0 |
| 允许损耗量（千克） | 0.3 | — |
| 单产标准用量（千克） | 3.3 | 2.0 |
| 成本标准 | — | — |
| 材料甲（3.3 × 1.07）（元） | 3.53 | — |
| 材料乙（2.0 × 4.28）（元） | — | 8.56 |
| 单位产品标准成本（元） | 12.09 | — |

### 2. 直接人工标准成本

直接人工的用量标准是单位产品的标准工时。确定单位产品所需的直接生产工人工时，需要按产品的加工工序分别进行，然后加以汇总。标准工时是指在现有生产技术条件下，生产单位产品所需要的时间，包括直接加工操作必不可少的时间，以及必要的间歇和停工，如工间休息、调整设备时间、不可避免的废品耗用工时等。标准工时应以作业研究和工时研究为基础，参考有关统计资料来确定。

直接人工的价格标准是指标准工资率。它可能是预定的工资率，也可能是正常的工资率。如果采用计件工资制，标准工资率是预定的每件产品支付的工资除以标准工时，或者是预定的小时工资；如果采用月工资制，需要根据月工资总额和可用工时总量来计算标准工资率，如表 4-2 所示。

表 4-2　直接人工标准成本（产品：A）

| 小时工资率 | 第一工序 | 第二工序 |
|---|---|---|
| 基本生产工人人数（人） | 20 | 50 |
| 每人每月工时（25.5 天 ×8 小时）（小时） | 204 | 204 |
| 出勤率 | 98% | 98% |
| 每人每月平均可用工时（小时） | 200 | 200 |
| 每月总工时（小时） | 4 000 | 10 000 |
| 每小时工资（元） | 0.90 | 1.26 |
| 每月工资总额（元） | 3 600 | 12 600 |
| 单位产品工时 | | |
| 理想作业时间（小时） | 1.5 | 0.8 |
| 调整设备时间（小时） | 0.3 | |
| 工间休息（小时） | 0.1 | 0.1 |
| 其他（小时） | 0.1 | 0.1 |
| 单位产品标准工时合计（小时） | 2 | 1 |
| 直接人工标准成本（元） | 1.80 | 1.26 |
| 合计（元） | 3.06 | |

### 3. 制造费用标准成本

制造费用的标准成本是按部门分别编制，然后将同一产品涉及的各部门单位制造费用标准加以汇总，得出整个产品制造费用标准成本。

各部门的制造费用标准成本分为变动制造费用标准成本和固定制造费用标准成本两部分。

（1）变动制造费用标准成本

变动制造费用的数量标准通常采用单位产品直接人工工时标准，它在直接人工标准成本制定时已经确定。有的企业采用机器工时或其他用量标准。作为数量标准的计量单位，应尽可能与变动制造费用保持较好的线性关系。

变动制造费用的价格标准是每一工时变动制造费用的标准分配率，它根据变动制造费用预算和直接人工总工时计算求得，如表 4-3 所示。

**表 4-3　变动制造费用标准成本**　　单位：元

| 部门 | 第一车间 | 第二车间 |
|---|---|---|
| 变动制造费用预算 | | |
| 运输 | 800 | 2 100 |
| 电力 | 400 | 2 400 |
| 消耗材料 | 1 400 | 1 800 |
| 间接人工 | 2 000 | 3 900 |
| 燃料 | 400 | 1 400 |
| 其他 | 200 | 400 |
| 合计 | 5 200 | 12 000 |
| 生产量标准（人工工时） | 4 000 | 10 000 |
| 每小时变动制造费用标准分配率 | 1.30 | 1.20 |
| 直接人工用量标准（人工工时） | 2 | 1 |
| 变动制造费用标准成本 | 2.60 | 1.20 |
| 单位产品标准变动制造费用 | 3.80 | |

$$变动制造费用标准分配率=\frac{变动制造费用预算总数}{直接人工标准总工时}$$

确定数量标准和价格标准之后，两者相乘即可得出变动制造费用标准成本：

变动制造费用标准成本＝单位产品直接人工的标准工时 × 每小时变动制造费用的标准分配率

各车间变动制造费用标准成本确定之后，可汇总出单位产品的变动制造费用标准成本。

（2）固定制造费用标准成本

如果企业采用变动成本计算，固定制造费用不计入产品成本，因此单位产品的标准成本中不包括固定制造费用的标准成本。在这种情况下，不需要制定固定制造费用的标准成本，固定制造费用的控制则通过预算管理来进行。如果采用完全成本计算，固定制造费用要计入产品成本，还需要确定其标准成本。

固定制造费用的用量标准与变动制造费用的用量标准相同，包括直接人工工时、机器工时、其他用量标准等，并且两者要保持一致，以便进行差异分析。这个标准的数量在制定直接人工用量标准时已经确定。

固定制造费用的价格标准是其每小时的标准分配率，它根据固定制造费用预算和直接人工标准总工时来计算求得，如表 4-4 所示。

**表 4-4　固定制造费用标准成本**　　单位：元

| 部门 | 第一车间 | 第二车间 |
|---|---|---|
| 固定制造费用 | | |
| 折旧费 | 200 | 2 350 |
| 管理人员工资 | 700 | 1 800 |
| 间接人工 | 500 | 1 200 |
| 保险费 | 300 | 400 |
| 其他 | 300 | 250 |
| 合计 | 2 000 | 6 000 |
| 生产量标准（人工工时） | 4 000 | 10 000 |
| 每小时固定制造费用分配率 | 0.5 | 0.6 |
| 直接人工用量标准（人工工时） | 2 | 1 |
| 部门固定制造费标准成本 | 1 | 0.6 |
| 单位产品固定制造费用标准成本 | 1.60 | |

$$\text{每小时固定制造费用标准分配率}=\frac{\text{固定制造费用预算总数}}{\text{直接人工标准总工时}}$$

确定了用量标准和价格标准之后，两者相乘，即可得出固定制造费用的标准成本：

固定制造费用标准成本＝单位产品直接人工标准工时 × 每小时固定制造费用的标准分配率

各车间固定制造费用的标准成本确定之后，可汇总出单位产品的固定制造费用标准成本。

将以上确定的直接材料、直接人工和制造费用的标准成本按产品加以汇总，就可确定有关产品完整的标准成本。通常，企业编制“标准成本卡”（如表 4-5 所示），反映产成品标准成本的具体构成。在每种产品生产之前，它的标准成本卡要送达有关人员，包括各级生产部门负责人、会计部门、仓库等，作为领料、派工和支出其他费用的依据。

**表 4-5　单位产品标准成本卡**（产品：A）

| 成本项目 | 用量标准 | 价格标准 | 标准成本 |
|---|---|---|---|
| 直接材料 | | | |
| 甲材料 | 3.3 千克 | 1.07 元 / 千克 | 3.53 元 |
| 乙材料 | 2 千克 | 4.28 元 / 千克 | 8.56 元 |
| 直接材料合计 | | | 12.09 元 |
| 直接人工 | | | |
| 第一车间 | 2 小时 | 0.9 元 / 时 | 1.80 元 |
| 第二车间 | 1 小时 | 1.26 元 / 时 | 1.26 元 |
| 直接人工合计 | | | 3.06 元 |
| 制造费用 | | | |
| 变动费用（第一车间） | 2 小时 | 1.30 元 / 时 | 2.60 元 |
| 变动费用（第二车间） | 1 小时 | 1.20 元 / 时 | 1.20 元 |
| 变动制造费用合计 | | | 3.80 元 |
| 固定费用（第一车间） | 2 小时 | 0.5 元 / 时 | 1.00 元 |
| 固定费用（第二车间） | 1 小时 | 0.6 元 / 时 | 0.60 元 |
| 固定制造费用合计 | | | 1.60 元 |
| 单位产品标准成本总计 | 20.55 元 | | |

## 4.5 变动成本法

### 4.5.1 变动成本法的含义

变动成本法，是指企业以成本性态分析为前提条件，仅将生产过程中消耗的变动生产成本作为产品成本的构成内容，而将固定生产成本和非生产成本作为期间成本，直接由当期收益予以补偿的一种成本管理方法。其中，成本性态，是指成本与业务量之间的相互依存关系。按照成本性态，成本可划分为固定成本、变动成本和混合成本。（具体见 4.1.2）

### 4.5.2 变动成本法的优缺点

1. 变动成本法的优点

（1）区分固定成本与变动成本，有利于明确企业产品盈利能力和划分成本责任；

（2）保持利润与销售量增减相一致，促进以销定产；

（3）揭示了销售量、成本和利润之间的依存关系，使当期利润真正反映企业经营状况，有利于企业经营预测和决策。

2. 变动成本法的缺点

（1）计算的单位成本并不是完全成本，不能反映产品生产过程中发生的全部耗费；

（2）不能适应长期决策的需要。

## 4.6 作业成本法

### 4.6.1 作业成本法的含义

作业成本法是将间接成本和辅助费用更准确地分配到产品和服务的一种成本计算方法。在作业成本法的理念下，企业的全部经营活动是由一系列相互关联的作业组成的，企业每进行一项作业都要耗用一定的资源；同时，产品（包括提供的服务）被一系列的作业生产出来。产品成本是全部作业所消耗资源的总和，产品是消耗全部作业的成果。

### 4.6.2　作业成本法的相关概念

1. 资源

资源是企业生产消费的基础，是成本产生的源泉。企业作业活动所涉及的人力、物力、财力都属于资源。一个企业的资源包括直接人工、直接材料、制造费用等。

2. 作业

（1）作业的含义。

作业是指企业中特定组织（成本中心、部门或产品线）重复执行的任务或活动，是一个组织内为了某一个目的而进行的耗费资源动作，它是作业成本计算中最小的成本归集单元。作业贯穿产品生产的全过程，从产品设计、原料采购、生产加工、到产品销售的每个环节、每道工序都可以视为一个作业。

（2）作业的分类。

作业按其层次分类，可以分为单位作业、批次作业、产品作业和支持作业。

①单位作业是指单位产品受益的作业，作业的成本与产品的数量成正比，如加工零件，对每件产品进行的检验等。

②批次作业是指使一批产品受益的作业，作业的成本与产品的批次数量成正比，如设备调试、生产准备等作业活动。

③产品作业是指使某种产品的每个单位都受益的作业，如产品工艺设计作业等。

④支持作业是指为维护企业正常生产，而使所有产品都受益的作业，作业的成本与产品数量无相关关系，如厂房维修、管理作业等。通常认为单位作业、批次作业、产品作业以外的所有作业均是支持作业。

3. 成本动因

（1）成本动因的含义。

成本动因是指作业成本或产品成本的驱动因素。例如，产量增加时，直接材料成本就增加，产量是直接材料成本的驱动因素，即直接材料的成本动因。再例如，检验成本随着检验次数的增加而增加，检验次数就是检验成本的驱动因素，即检验成本的成本动因。

（2）成本动因的分类。

在作业成本法中，成本动因分为资源动因和作业动因两类。

①资源动因是引起作业成本变动的驱动因素，用来衡量一项作业的资源消耗量。资源动因被用来计量各项作业对资源的耗用，根据资源动因可以将资源成本分配给各有关作业。例如，产品质量检验工作（作业）需要有检验人员、专用的设备，并耗用一定的能源（电力）等。检验作业作为成本对象（亦称成本库），耗用的各项资源构成了检验作业的成本。其中，检验人员的工资、专用设备的折旧费等成本，一般可以直接归属于检验作业；而能源成本往往不能直接计入，需要根据设备额定功率和设备开动时间来分配。

②作业动因是引起产品成本变动的驱动因素，反映产品产量与作业成本之间的因果关系。作业动因计算各种产品对作业的耗用情况，并被用来作为作业成本的分配基础，是沟通资源消耗与最终产出的中介。例如，材料搬运作业的衡量标准是搬运的零件数量，生产调度作业的衡量标准是生产订单数量，加工作业的衡量标准是直接人工工时，自动化设备作业的衡量标准是机器作业小时数等。

**4. 作业中心**

（1）作业中心的含义。

作业中心又称成本库，是指构成一个业务过程的相互联系的作业集合，用来汇集业务过程及其产出的成本。

（2）作业中心的形成。

按照统一的作业动因，将各种资源耗费项目归结在一起，便形成了作业中心。

（3）作业中心的作用。

作业中心有助于企业更明晰地分析一组相关的作业，以便进行作业管理以及企业组织机构和责任中心的设计与考核。

### 4.6.3 作业成本法核算的基本程序

1. 设立资源库，归集资源库价值

企业在生产产品或提供劳务过程中会消耗各种资源，如货币资金、原材料、人力、动力、厂房设备等。企业首先应为各类资源设置相应的资源库，并对一定期间内耗费的各种资源进行计量，将计量结果归入各资源库中。

2. 确认主要作业，并设立相应的作业中心

在进行作业确认时，理论上要求将有关费用划分得越细越好，但基于成本效益的考虑，一般按重要性和同质性的要求进行作业划分，纳入同一个作业组。如“材料搬运”是一项作业，也可以作为一个作业中心，所有与材料搬运相关的费用都归属到“材料搬运”这一作业。

3. 确定资源动因，并将各资源库汇集的价值分派到各作业中心

资源动因是把资源库价值分派到各作业中心的依据。首先，企业应根据不同的资源，选择合适的资源动因。如电力资源可以选择“消耗的电力度数”作为资源动因。然后，根据各项作业所消耗的资源动因数，将各资源库的价值分配到各作业中心。

4. 选择作业动因，并确定各作业成本的成本动因分配率

（1）注意事项：

选择成本动因时，要确保作业消耗量与成本动因消耗量相关，综合权衡收益与成本，并考虑确认成本动因后的行为结果。当各作业中心已经建立，成本动因已经选定后，就可以将各作业成本除以成本动因单位数，计算出以成本动因单位的分配率。

（2）成本动因分配率：

作业成本分配率可以分为实际作业成本分配率和预算作业成本分配率两种形式。

实际作业成本分配率是根据各作业中心实际发生的成本和作业的实际产出，计算得出的单位作业产出的实际成本。相关公式：

实际作业成本分配率＝当期实际发生的作业成本 ÷ 当期实际作业产出

实际作业成本分配率主要用于作业产出比较稳定的企业。

预算作业成本分配率根据预算年度预计的作业成本和预计作业产出计算，相关公式：

预算作业成本分配率＝预计作业成本 / 预计作业产出

预算作业成本分配率可以克服实际作业成本分配率的缺点，能够随时提供决策所需的成本信息，可以避免因作业成本变动和作业需求不足引起的产品成本波动，并且有利于及时查清成本升高的原因。

**5. 计算作业成本和产品成本**

成本计算最终要计算出产品成本，在作业成本法下，产品成本由作业成本构成，各成本库汇集的作业成本要按各产品消耗的作业量的比例分配给各产品，计算确定各产品成本，这一分配步骤反映了作业成本法的产品消耗作业，产品成本由作业成本构成这一思想。

根据每种产品所耗用的成本动因单位数和该作业分配率，可以计算该产品应负担的作业成本和单位成本。

（1）计算耗用的作业成本：

某产品耗用的作业成本＝∑（该产品耗用的作业量 × 实际作业成本分配率）

（2）计算当期发生成本：

直接材料成本、直接人工成本和各项作业成本共同构成某产品当期发生的总成本。

某产品当期发生成本＝当期投入该产品的直接成本＋当期该产品耗用的各项作业成本

直接成本＝直接材料成本＋直接人工成本

## 4.7 案例解析

**例 4-7** 目标成本法以 A 公司为例，说明目标成本法的具体应用。

A 公司主要从事高端印制电路板的研发和生产，产品涵盖背板、系统板、微波射频板等，涉及通信、航空航天、医疗、汽车电子和工控等领域。

2008 年的全球金融危机严重冲击了全球印制电路板（PCB）市场，行业需求大幅缩减，产品价格大幅下降，市场竞争日趋加剧。2009 年，全球 PCB 行业产值比 2008 年下降约 15%。然而，在如此困难的市场环境中，2009 年

A 公司产品的销售毛利率仍然高达 20%，营业收入也实现逆势增长（增值率为 24%）。之所以取得良好的绩效，除了真正落实“以顾客为导向”的营销管理策略外，更关键之处在于，公司利用目标成本法加大成本控制力度，积极开展各项降低成本费用的活动，并进一步强化供应链管理和质量管理。

A 公司目标成本法的具体做法如下。

1. 从产品价值链角度提出目标成本管理的基本思想

A 公司将产品生产归结为“下游顾客需求分析—产品研发设计—产品生产制造—上游材料采购”这样一个逆向、有序的价值链流程。具体包括：

（1）以“顾客需求”分析为起点确定新产品的目标成本。在成本管理中，重点分析顾客对产品性能、价值等方面的需求，并结合企业自身的预期利润目标，确定新产品的“目标成本”。

（2）高度关注产品研发设计过程。在设计过程中，将供应商、销售商等相关权益集团纳入新产品设计过程，组建跨组织团队参与新产品的设计，以使设计的产品在特性上满足顾客，同时找到新产品降低成本的空间及各部件的预期成本目标。

（3）在“产品制造”环节，高度关注制造过程的流程成本、质量成本等项目控制，实施全方位的成本“持续改善”策略。

（4）实施供应链管理，降低材料采购成本。

2. 实施全价值链的目标成本管理，落实成本目标

根据“产品研发与设计—产品生产制造—材料采购”这个有序链条，在确定“目标成本”的基础上，A 公司将重点放在产品制造环节的“流程成本”“质量成本”，降低材料采购环节的“物流成本”等，以使产品实际成本低于目标成本。

（1）确定目标成本，明确具体的成本控制目标；

（2）梳理产品成本发生的流程，找出成本降低的空间；

（3）全面落实目标成本管理举措，最终降低成本。

**例 4-8**　标准成本法以 B 公司为例，说明目标成本法的具体应用。

已知某企业生产 N 产品，有关资料如下：

（1）生产 N 产品，耗用甲、乙两种材料。其中甲材料标准价格为每千克 20 元，乙材料标准价格为每千克 32 元。单位产品耗用甲材料标准为每件 5 千克，乙材料为每件 9 千克。

（2）N产品单位标准工时为13小时，直接人工标准工资率为7.5元。

（3）固定性制造费用预算数为61 000元；变动性制造费用预算数为38 000元。标准总工时数为10 000小时。

要求：制定N产品的标准成本。

解：依题意得

直接材料标准成本＝20×5＋32×9＝388（元/件）

直接人工标准成本＝7.5×13＝97.5（元/件）

变动性制造费用标准成本＝38 000÷10 000×13＝49.4（元/件）

固定性制造费用标准成本＝61 000÷10 000×13＝79.3（元/件）

N产品标准成本＝388＋97.5+49.4+79.3＝614.2（元/件）

**例4-9** 变动成本法以C公司为例，说明目标成本法的具体应用。

已知C公司从事单一产品生产，连续三年销量均为1 000件，而三年的产量分别为1 000件、1 200件和800件。单位产品售价为200元；管理费用与销售费用均为固定成本，两项费用各年总额均为50 000元；单位产品变动成本（包括直接材料、直接人工、变动制造费用）为90元；固定制造费用为20 000元。

要求：（1）根据上述资料，不考虑销售税金，分别采用变动成本法和完全成本法计算各年税前利润。

（2）根据前面计算结果，简单分析完全成本法与变动成本法对损益计算的影响。

解：（1）各年的损益计算如表4-6所示。

**表4-6 各年损益** 单位：元

| | 第一年 | 第二年 | 第三年 | 合计 |
|---|---|---|---|---|
| 变动成本下 | | | | |
| 销售收入 | 200 000 | 200 000 | 200 000 | 600 000 |
| 销售成本 | 90 000 | 90 000 | 90 000 | 270 000 |
| 贡献毛益 | 110 000 | 110 000 | 110 000 | 330 000 |
| 固定成本 | | | | |
| 固定制造费用 | 20 000 | 20 000 | 20 000 | 60 000 |
| 管理费用和销售费用 | 50 000 | 50 000 | 50 000 | 150 000 |
| 小计 | 70 000 | 70 000 | 70 000 | 210 000 |

续上表

| | 第一年 | 第二年 | 第三年 | 合计 |
|---|---|---|---|---|
| 税前利润 | 40 000 | 40 000 | 40 000 | 120 000 |
| **完全成本法下** | | | | |
| 销售收入 | 200 000 | 200 000 | 200 000 | 600 000 |
| 销售成本 | | | | |
| 期初存货成本 | 0 | 0 | 21 333 | |
| 当期产品成本 | 110 000 | 128 000 | 92 000 | 330 000 |
| 可供销售产品成本 | 110 000 | 128 000 | 113 333 | |
| 期末存货成本 | 0 | 21 333 | 0 | |
| 销售成本 | 110 000 | 106 667 | 113 333 | 330 000 |
| 毛利 | 90 000 | 93 333 | 86 667 | 270 000 |
| 管理费用和销售费用 | 50 000 | 50 000 | 50 000 | 150 000 |
| 税前利润 | 40 000 | 43 333 | 36 667 | 120 000 |

（2）由上面的计算结果可以看到：当产量等于销量，且无期初存货时，两种成本计算方法下计算的利润完全相同；当产量大于销量，且无起初存货时，按变动成本法计算的利润小于按完全成本法计算的利润；当产量小于销量时，按变动成本法计算的利润大于按完全成本法计算的利润。

**例 4-10**　作业成本法以 D 公司为例，说明目标成本法的具体应用。

D 公司是一家制造高档洗衣机的公司，其产品主要出口欧洲。

（1）甲、乙两种产品 2018 年 1 月基本资料如表 4-7 所示。

**表 4-7　甲、乙产品基本资料**

| 产品名称 | 产量（件） | 直接材料单位产品成本（元） | 直接人工单位产品成本（元） |
|---|---|---|---|
| 甲 | 100 | 50 | 40 |
| 乙 | 200 | 80 | 30 |

（2）月初甲产品在产品制造费用（作业成本）为 3 600 元，乙产品在产品制造费用（作业成本）为 4 600 元；月末在产品数量，甲为 40 件，乙为 60 件，总体完工率均为 50%；按照约当产量法在完工产品和在产品之间分配制造费用（作业成本），本月发生之制造费用（作业成本）总额为 50 000 元，相关作业有 4 个，有关资料如表 4-8 所示。

表 4-8 甲、乙产品作业成本资料

| 作业名称 | 成本动因 | 作业成本（元） | 作业动因数 | |
|---|---|---|---|---|
| | | | 甲产品 | 乙产品 |
| 质量检验 | 检验次数 | 4 000 | 5 | 15 |
| 订单处理 | 生产订单份数 | 4 000 | 30 | 10 |
| 机器运行 | 机器小时数 | 40 000 | 200 | 800 |
| 设备调整准备 | 调整准备次数 | 2 000 | 6 | 4 |

要求：用作业成本法计算甲、乙两种产品之单位成本。

解：在作业成本法下

质量检验作业成本分配率 =4 000÷（5＋15）=200（元 / 次）

订单处理作业成本分配率 =4 000÷（10＋30）=100（元 / 份）

机器运行作业成本分配率 =40 000÷（200＋800）=40（元 / 时）

调整准备作业成本分配率 =2 000÷（6＋4）=200（元 / 次）

甲产品分配的本月发生之作业成本：200×5＋100×30＋40×200＋200×6=13 200（元）

单位作业成本：（13 200＋3 600）÷（100＋40×50%）=140（元 / 件）

单位成本：50＋40＋140=230（元 / 件）

乙产品分配之本月发生之作业成本：200×15＋100×10＋40×800＋200×4=36 800（元）

单位作业成本：（36 800＋4 600）÷（200＋60×50%）=180（元 / 件）

单位成本：80＋30＋180=290（元 / 件）

# 第5章　本量利分析
## ——悟已往之不谏，知来者之可追

**导入案例**

北京市当代剧院作为一个非营利企业，其成立是为了将当代戏剧带给北京市人民。该组织拥有一个兼职的、不要报酬的托管人委员会，它由当地的专业人士组成，他们是热忱的戏剧迷。该委员会雇用了如下的全职雇员：

管理导演：责任包括组织的全面管理，每年执导6部戏剧；

艺术导演：责任包括组织每部戏剧的演员和有关制片工作人员，每年执导6部戏剧；

业务经理与制片人：责任包括管理组织的商业功能预收票，指导那些负责舞台、灯光、服装以及合成的制片工作人员。

托管人委员会已经与北京市签订了协议，可在该市具有历史意义的市剧院中进行演出。该剧院已经有30年未被使用，但是北京市已同意对其翻新，并提供灯光与音响设备，作为回报北京市将获得每月10 000元的租金，另外可从每张售出的戏票中获得8元。

北京市当代剧院日前已经宣告了其明年的经营安排。根据剧院的管理导演麦根的意向，新季的第一部戏将是《莎士比亚著作集锦》。“人们将会喜欢这部戏剧，”麦根说到，“它确实令人捧腹大笑。它拥有所有最著名的饰演莎士比亚戏剧的一线演员。演出尝试展示37部戏剧和154首十四行诗，而所有这一切仅仅在两小时内完成。”

虽然每月卖出大约8 000张戏票，麦根说他期望这会是剧院最好的一年。“记住，”他指出，“对我们来说，好的年份并不意味着较高的利润，因为当代剧院是个非营利组织。对我们来说，好的年份意味着许多人观看我们的戏剧，享受着我们所能提供的最好的当代剧院艺术。”

对麦根来说，当代剧院是个现实的梦想。“我在大学里学习高雅艺术，”他说，“并且我想成为一名演员。我花了10年时间在北京人艺充分展示自己的才干，并花了两年多的时间在伦敦学习并获得了MFA。但是，我一直清楚自己最终想成为一名导演。当代剧院给了我想要的一切。我在这个古老剧院中管理着美妙的戏剧公司。我一年导演了6部戏剧，并且通常在一两部戏中参加演出。”

麦根解释说，当北京市政府同意其使用具有历史意义的市剧院做当代剧院时，戏剧公司从中获得了很大的发展。“北京市可获得月租费，外加一份来自戏票销售收入的报酬。我们尽力保持票价的合理性，因为我们的目标是将戏剧带入到尽可能多的人们生活中去。当然，从财务上说，我们的目标是每年收支刚好持平。我们不想获利，但是我们也不能亏损运作。我们要支付剧本的版税、演员以及其他雇员的工资、保险费以及公用事业费等。陶醉在戏剧里是很容易的，但是注意到演出运作的商业方面也是我工作的一个重要部分。有时，寻求我们的损益平衡点是很棘手的。我们不得不测算我们的成本会是多少，票价应定在什么水平上，并且估算我们将会从我们的朋友和支持者那里获得多少慈善捐赠，即从艺术上又从财务上知道我们行动的效果是至关重要的。我们想在未来的许多年中都要将伟大的戏剧带给朝阳区人民。”

## 5.1 本量利分析

### 5.1.1 本量利分析概述

本量利分析是以成本性态分析和变动成本法为基础，运用数学模型和公式，通过分析成本、业务量和利润三个变量之间内在的关系，发现其变动的规律性，为企业进行预测、决策、计划和控制等活动提供支持的一种方法。其中，“本”是指成本，包括固定成本和变动成本；“量”是指业务量，一般指销售量；“利”一般指营业利润。本量利分析法也被称作保本分析或盈亏平衡分析。

本量利分析是现代成本管理的重要方法之一。运用本量利分析可为企业在保本、保利条件下完成对销售量或销售额的预测，并且将其与风险分析相联系，还可为企业提供化解经营风险的方法和手段，以保证企业既定目标的实现，将其与决策分析相结合，还可帮助企业进行有关的生产决策、定价决策和不确定性的投资项目决策。此外，本量利分析还可成为编制全面预算和控制成本的基础。

## 5.1.2　本量利分析的基本假设

本量利分析的基本假设是指本量利分析法运用的基本前提条件。

**1. 期间假设**

无论是固定成本还是变动成本，其固定性与变动性均体现在特定的期间内。随着时间的推移，固定成本的总额及其内容会发生变化，单位变动成本的数额及其内容也会发生变化。所以，成本性态和以此为基础的本量利分析也是基于一定期间展开分析的。

**2. 业务量假设**

对成本按性态进行划分得到的固定成本和变动成本，是在一定业务量范围内分析和计量的结果，当业务量发生较大变化时，成本性态是有可能变化的，所以，成本性态和以此为基础的本量利分析也是基于一定业务量范畴展开分析的。

**3. 模型线性假设**

考虑到本量利分析是在成本性态划分基础上发展起来的，利润是收入减成本的结果，而混合成本的分解更多依赖回归直线法等分析技术，所以本量利分析将通过一系列与线性关系有关的假设限定整个分析的范畴。

（1）固定成本不变假设

本量利分析中的模型线性假设首先是固定成本不变，用模型来表示就是 $a=a'$（$a$ 为固定成本，$a'$ 为常数）。也就是说，在企业经营能力的相关范围内，固定成本保持不变，即在一定期间和业务量范围内固定成本曲线为一条水平线。

（2）单位变动成本不变假设

与固定成本的假设近似，变动成本的假设是在一定的相关范围内假设单位变动成本不变，或者说假设变动成本呈完全线性。单位变动成本与业务量之间的完全线性关系用模型来表示就是 $b=b'x$（$b$ 为变动成本总额，$b'$ 为单位变动成本，$x$ 为业务量）。基于完全线性假设，变动成本的曲线就表现为一条从原点出发的直线，该直线的斜率就是单位变动成本。

（3）单价不变假设

在本量利分析中，通常假设销售价格为一个常数，这样销售收入与销售数量之间就呈现一种完全线性关系，表示在坐标图中也是一条过原点的直线，其斜率就是单价。

**4. 产销平衡假设**

本量利分析的核心是分析业务量作为驱动因素如何引起成本和利润的变化。而在分析业务量的变化时，对应着产量和销量两种指标，而且产销不平衡以及由此出现的存货问题会将分析引向一系列复杂的情形。为简化问题，基本的本量利分析假定产销平衡，即产量与销量相等。对现实中存在的产销不平衡情形和存货问题，都可以基于本量利分析的原理予以扩展。

**5. 品种结构不变假设**

本假设是指在一个多品种生产和销售的企业中，各种产品的销售收入在总收入中所占的比重不变。

### 5.1.3 本量利基本公式

用损益法来计算利润，首先要确定一定期间的收入，然后确定与收入相配合的成本，两者之差为期间利润。即：

利润=销售收入−总成本

由于

总成本=变动成本 + 固定成本

=单位变动成本 × 产量+固定成本

销售收入=单价 × 销量

假设产量和销量相同，则有：

利润=单价 × 销量−单位变动成本 × 销量−固定成本

该式是明确表达本量利之间数量关系的基本方程式。

在规划期间目标利润时，通常把单价、单位变动成本和固定成本视为稳定的常量，只有销量和利润两个自由变量。给定销量时，可利用方程式直接计算出预期利润；给定目标利润时，可直接计算出应达到的销售量。

**例 5-1** 某企业每月固定成本 1 000 元，仅生产产品 A 一种产品，单价 20 元，单位变动成本 15 元，本月计划销售 300 件，求预期利润是多少？

预期利润 =300×20−300×15−1 000=500（元）

## 5.2　盈亏临界点与目标经营净利润

### 5.2.1　盈亏临界点

盈亏临界点，也称盈亏分歧点、保本点等，是指收入和成本刚好相抵时的销售量或销售额，盈亏临界点是本量利分析的基础，企业在规划目标利润、控制利润完成情况、估计经营风险时都要用到。盈亏临界点分析根据成本、销售收入、利润等因素之间的函数关系，预测企业在什么情况下达到盈亏平衡的状态。

盈亏临界点分析以成本性态分析和变动成本法为基础，盈亏临界点就是使利润等于零的销售量或销售额，即

$$销售收入-（变动成本+固定成本）=0（元）$$

$$销量\times单价=销量\times单位变动成本+固定成本$$

这就是盈亏临界点的基本计算模型。上式还可以演变为：

$$盈亏临界点销量=\frac{固定成本}{单价-单位变动成本}$$

$$盈亏临界点的销售额=\frac{固定成本}{（单价-单位变动成本）/单价}$$

$$=\frac{固定成本}{单位产品贡献毛益率}$$

以上盈亏临界点主要基于单一产品的分析，当企业存在多产品结构时，在产品品种结构不变的假设下，盈亏临界点的销售额将基于各种产品加权平均的贡献毛益率计算得到：

$$多品种下企业总体的盈亏临界点销售额=\frac{固定成本}{加权平均贡献毛益率}$$

**例 5-2**　A 企业只生产销售一种产品，该产品的单位销售价为 80 元，单位变动成本为 60 元，固定成本 20 000 元，则盈亏临界点为：

盈亏临界定的销售量为：20 000÷（80−60）= 1 000（件）

盈亏临界定的销售额为：20 000÷（1−60÷80）=80 000（元）

**例 5-3** A 企业只生产销售甲、乙两种产品，甲、乙产品单位销售价分别为 80 元、100 元，年销售额分别为 40 000 元、60 000 元，单位变动成本分别为 60 元、80 元，固定成本 20 000 元，则盈亏临界点为：

甲产品变动成本率 =60÷80×100%=75%

乙产品变动成本率 =80÷100×100%=80%

综合变动成本率 =75%×[40 000÷（40 000+60 000）] + 80%×60 000÷（40 000+60 000）]=78%

盈亏平衡点的销售额 =20 000÷（1−78%）≈ 90 909（元）

如图 5-1 所示，盈亏平衡图将盈亏临界点分析反应在直角坐标系中，具有形象直观，简明易懂的特点。

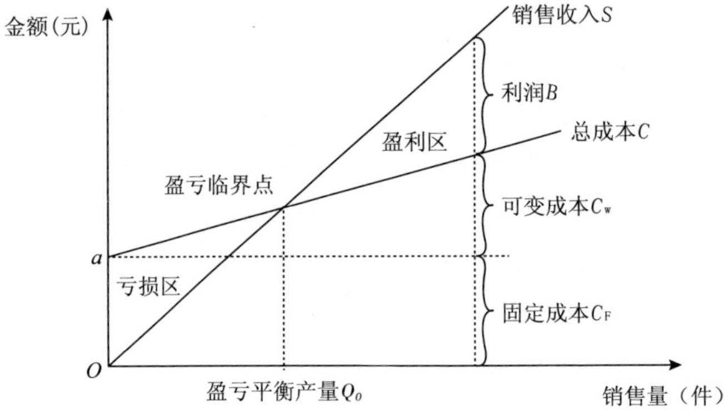


**图 5-1 盈亏平衡图**

绘制方法如下：

① 在直角坐标系中，以横轴表示销售量，以纵轴表示成本或销售收入。

② 在纵轴上找出固定成本数值 $a$，即以此（0，固定成本数值）为起点，绘制一条与横轴平行的固定成本线。

③ 以 $a$（0，固定成本数值）为起点，以单位变动成本为斜率，绘制总成本线。

④ 以坐标原点（0，0）为起点，以单价为斜率，绘制销售收入线。

⑤ 总成本线和销售收入线的交点就是盈亏临界点和销售量。

我们可以看到，企业利润的高低取决于销售收入与总成本之间的比，销售收入的大小取决于销售数量和单价两个因素，而总成本的大小则取决于变动成本和固定成本这两个因素。在进行盈亏临界点分析时，贡献毛益率给我们的一个启示就是：只要单价高于单位变动成本，固定成本就可以获得补偿，所以理论上盈亏临界点是存在的。至于盈亏临界点的具体位置则取决于固定成本、单位变动成本、单价这三个因素，具体表现在以下几个方面：

（1）在固定成本、单位变动成本、单价不变的情况下，只要单价大于单位变动成本，那么销售量越大，实现的利润就越多（当销售量超过盈亏临界点时），或者说亏损越少（当销售量不足盈亏临界点时）；反之则利润越少或亏损越多。这是盈亏平衡图中的基本关系。

（2）在总成本既定的情况下，盈亏临界点的位置随单价的变动而逆向变动：单价越高（表现在坐标图中就是销售收入线的斜率越大），盈亏临界点就越低；反之，盈亏临界点越高。

（3）在单价、单位变动成本既定的情况下，盈亏临界点的位置随固定成本总额的变动而同向变动：固定成本越大（表现在坐标图中就是总成本线与纵轴的交点越高），盈亏临界点就越高；反之，盈亏临界点越低。

（4）在单价和固定成本总额既定的情况下，盈亏临界点的位置随单位变动成本的变动而同向变动：单位变动成本越高（表现在坐标图中就是总成本线的斜率越大），盈亏临界点就越高；反之，盈亏临界点越低。

### 5.2.2　目标经营净利润

盈亏平衡分析是研究企业利润为零时的经营状态，但企业目标不是零利润，而是尽可能多地赢得利润。目标利润分析是盈亏平衡分析的延伸和拓展，是为了企业分析和预算目标利润。目标利润分析是在本量利分析方法的基础上，计算为达到目标利润所需达到的业务量、收入和成本的一种利润规划方法，该方法应反映市场的变化趋势、企业战略规划目标以及管理层需求等。

实现目标利润的业务量=（目标利润+固定成本）÷（单价−单位变动成本）

实现目标利润的销售额=单价×实现目标利润的业务量

或，实现目标利润的销售额=（目标利润+固定成本）÷边际贡献率

企业应结合市场情况、宏观经济背景、行业发展规划以及企业的战略发

展规划等确定目标利润，并在假定其他因素不变时，通常采用提高销售数量或销售价格，降低固定成本或单位变动成本的方式，来实现既定的目标利润。

目标利润分析包括单一产品的目标利润分析和产品组合的目标利润分析。单一产品的目标利润分析重在分析每个要素的重要性。产品组合的目标利润分析重在优化企业产品组合。

**1. 单一产品的目标利润分析**

（1）税前单一产品目标利润分析

企业在应用该方法进行提高销售量的策略分析时，可以根据市场情况的变化对销售价格进行调整，降价通常可能促进销售量的增加，提价通常可能使销售量下降；在市场需求极为旺盛的情况下，可以通过增加固定成本支出（如广告费、租赁设备等）、扩大生产能力来增大销售量。

**例 5-4** 某企业生产和销售单一产品，产品单价 80 元，变动成本 40 元，固定成本 20 000 元，如目标利润定为 30 000 元，则：

实现目标利润的销售量 =（30 000+20 000）÷（80−40）=1 250（件）

实现目标利润的销售额 =（30 000+20 000）÷（1−40 ÷ 80）=100 000（元）

（2）实现税后目标利润的模型

前面所讲的目标利润均为支付所得税前的利润，所得税费用对于实现了利润的企业来说是一项必然的支出，对于目标利润的分析和预测来说，也应该是一项必然的扣除。所以，从税后利润的角度进行目标利润的分析与预测，对企业来说应当更为适用。税后利润与税前利润的关系可以用下列公式表示：

$$\text{税后利润}=\text{税前利润}\times（1-\text{所得税税率}）$$

$$\text{税前利润}=\frac{\text{税后利润}}{1-\text{所得税税率}}$$

则：

$$\text{实现目标利润的销售量}=\frac{\dfrac{\text{税后目标利润}}{1-\text{所得税税率}}+\text{固定成本}}{\text{单位产品贡献毛益}}$$

$$\text{实现目标利润的销售额}=\frac{\dfrac{\text{税后目标利润}}{1\ \text{所得税税率}}+\text{固定成本}}{\text{单位产品贡献毛益率}}$$

假定在例 5-4 中其他条件不变，税后目标利润为 30 000 元，所得税税率为 25%，则有

$$\text{实现目标利润的销售额}=\frac{\dfrac{30\,000}{1-25\%}+20\,000}{40}=1\,500\text{（万）}$$

所得税费用是企业的一项特殊支出，这项支出在企业处于亏损状态时不会发生，而当销售量超过盈亏临界点时，该项支出随利润的变动而变动，或者说随超盈亏临界点销售量的变动而变动，其计算公式为：

所得税 = 利润 × 所得税税率

　　= 超盈亏临界点销售量 × 单位产品贡献毛益 × 所得税税率

（3）产品组合的目标利润分析

在单一产品的目标利润分析基础上，依据分析结果进行优化调整，能够寻找最优的产品组合。产品组合目标利润的基本分析公式如下：

实现目标利润的销售额 =（综合目标利润 + 固定成本）÷（1− 综合变动成本率）

实现目标利润的销售额 = 固定成本 ÷（1− 综合变动成本率 − 综合目标利润率）

**例 5-5**　A 企业只生产销售甲、乙两种产品，甲、乙产品单位销售价分别为 80 元、100 元，单位变动成本分别为 60 元、80 元，固定成本 20 000 元，如产品收入结构为 4 ∶ 6，目标利润定为 30 000 元，则：

实现目标利润的销售额 =（20 000+30 000）÷（1−78%）≈ 227 273（元）

## 5.3　敏感性分析

敏感性分析，是指对影响目标实现的因素变化进行量化分析，以确定各因素变化对实现目标的影响及其敏感程度。若某因素的小幅度变化能导致目标指标的较大幅度变化，则称此因素为敏感性因素，反之则称其为非敏感性因素。

在前边的盈亏临界分析中，曾认为除待求变量外的其他参数都是确定的。但是，实际上，由于市场的变化（原材料价格、产品价格、供求数量等波动）和企业技术条件（原材料消耗和工时消耗水平波动）的变化，会引起模型中的参数发生变化，使得原来计算出来的盈亏临界点、目标利润或目标销售量失去可靠性。经营者希望事先知道哪一个参数影响小，哪一个参数影响大，影响程度如何。他们掌握这些数据有重要的实用意义，可使之在情况发生变化后及时采取对策，调整企业计划，使生产经营活动经常被控制在最有利的状态之下。

根据不确定性因素每次变动数目的多少，敏感性分析可以分为单因素敏感性分析和多因素敏感性分析。

1. 单因素敏感性分析

单因素敏感性分析是指每次只变动一个因素而其他因素保持不变时所作的敏感性分析。敏感系数反映的是某一因素值变动对目标值变动的影响程度，敏感系数的绝对值越大，该因素越敏感。其公式如下：

某因素敏感系数＝目标值变动百分比 ÷ 因素值变动百分比

如在目标利润规划中，目标值为目标利润，变动因素为销售量、单价、单位变动成本和固定成本。

2. 多因素敏感性分析

多因素敏感性分析是指假定其他因素不变时，分析两种或两种以上不确定性因素同时变化对目标的影响程度所作的敏感性分析。

如企业在进行目标利润规划时，通常以利润基准值为基础，测算销售量、单价、单位变动成本和固定成本中两个或两个以上的因素同时发生变动时，对利润基准值的影响程度。

敏感性分析方法简单易行，分析结果易于理解，能为企业的规划、控制和决策提供参考。但需要注意的是，这种分析方法对决策模型和预测数据具有很高的依赖性，决策模型的可靠程度和数据的合理性，会影响敏感性分析的可靠性。

短期营运决策中的敏感性分析主要应用于目标利润规划，应用程序一般包括确定短期营运决策目标、根据决策环境确定决策目标的基准值、分析确定影响决策目标的各种因素、计算敏感系数、根据敏感系数对各因素进行排序等程序。

（1）确定利润基准值。在确定利润基准值时，企业通常根据正常状态下的产品销售量、定价和成本状况，使用本量利公式测算目标利润基准值。

（2）识别和确定敏感因素。企业根据本量利公式分析和识别影响利润基准值的因素，包括销售量、单价、单位变动成本和固定成本，并根据具体情况和以往经验选取对利润基准值影响较大的因素进行分析。

（3）计算敏感系数。企业在进行因素分析时，通过计算各因素的敏感系数，衡量因素变动对决策目标基准值的影响程度。

（4）各因素敏感度排序。根据敏感系数绝对值的大小对其进行排序，按照有关因素的敏感程度优化规划和决策，应重点关注敏感性因素，及时采取措施，加强控制敏感性因素，确保利润规划的完成。

另外，在对利润规划进行敏感性分析时，企业应确定导致盈利转为亏损的有关变量的临界值，即确定销售量和单价的最小允许值、单位变动成本和固定成本的最大允许值，有关公式如下：

销售量的最小允许值=固定成本÷（单价−单位变动成本）

单价的最小允许值=（单位变动成本+固定成本）÷销售量

单位变动成本的最大允许值=（单价−固定成本）÷销售量

固定成本的最大允许值=（单价−单位变动成本）×销售量

本量利关系的敏感性分析，主要研究与分析有关参数发生多大变化会使盈利转为亏损，各参数变化对利润变化的影响程度，以及各因素变动时如何调整销量，以保证原目标利润的实现等问题。

### 3. 有关的敏感性分析

（1）有关参数发生多大变化使盈利转为亏损

单价、单位变动成本、产销量和固定成本的变化，会影响利润的高低。这种变化达到一定程度，会使企业利润消失，进入盈亏临界状态，使企业的经营状况发生质变。敏感性分析的目的之一，就是提供能引起目标发生质变的各参数变化的界限，其方法称为最大最小法。

①单价的最小值。单价下降会使利润下降，下降到一定程度，利润将变为零，它是企业能忍受的单价最小值。

**例 5-6**　某企业生产 A 产品，A 产品原单价为 2 元，单位变动成本为 1.2 元，固定成本为 40 000 元，利润为 40 000 元，销量为 100 000 件。

设单价为 SP：

100 000×（SP−1.20）−40 000=0

SP=1.60（元）

单价降至 1.60 元，即降低 20%（0.4÷2）时企业由盈利转入亏损。

②单位变动成本的最大值。单位变动成本上升会使利润下降，并逐渐趋近于零，此时的单位变动成本是企业能忍受的最大值。

设单位变动成本为 VC：

100 000×（2−VC）−40 000=0

VC=1.60（元）

单位变动成本由 1.20 元上升至 1.60 元时，企业利润由 40 000 元降至 0 元。此时，单位变动成本上升了约 33%（0.40÷1.20）。

③固定成本最大值。固定成本上升也会使利润下降，并趋近于 0 元。

设固定成本为 FC：

100 000×（2−1.20）−FC=0

FC=80 000（元）

固定成本增至 80 000 元时，企业由盈利转为亏损，此时固定成本增加了 100%（40 000÷40 000）。

④销售量最小值。销售量最小值，是指使企业利润为 0 元的销售量，它就是盈亏临界点销售量，其计算方法在前面已介绍过。

设销售量为 $B$：

$B$=40 000÷（2−1.2）=50 000（件）

销售计划如果只完成 50%（50 000÷100 000），则企业利润为 0 元。

（2）各参数变化对利润变化的影响程度

各参数变化都会引起利润的变化，但其影响程度各不相同。有的参数发生微小变化，就会使利润发生很大的变动，利润对这些参数的变化十分敏感，我们称这类参数为敏感因素。与此相反，有些参数发生变化后，利润的变化不大，反应比较迟钝，称之为不敏感因素。

反映敏感程度的指标是敏感系数：

敏感系数＝目标值变动百分比 ÷ 参量值变动百分比

下面仍以例 5-6 中的数字为基础，进行敏感程度的分析：

①单价的敏感程度。设单价增长 20%，则：

SP=2×（1+20%）=2.40（元）

按此单价计算，利润为：

设利润为 $P$：

$P$=100 000×（2.40−1.20）−40 000=80 000（元）

利润原来是 40 000 元，其变化率为：

目标值变动百分比 =（80 000−40 000）÷40 000=100%

单价的敏感程度 =100%÷20%=5

这就是说，单价对利润的影响很大，从百分率来看，利润以 5 倍的速率随单价变化。涨价是提高盈利的最有效手段，价格下跌也将是企业的最大威胁。经营者根据敏感系数知道，价格每降价 1%，企业将失去 5% 的利润，必须格外予以关注。

②单位变动成本的敏感程度。设单位变动成本增长 20%，则：

VC=1.20×（1+20%）=1.44（元）

按此单位变动成本计算，利润为：

$P$=100 000×（2−1.44）−40 000=16 000（元）

利润原来是 40 000 元，其变化率为：

目标值变动百分比 =−（16 000−40 000）÷40 000=−60%

单价变动成本的敏感程度 =−60%÷20%=−3

由此可见，单位变动成本对利润的影响比单价要小，单位变动成本每上升 1%，利润将减少 3%。但是，敏感系数绝对值大于 1，说明变动成本的变化会造成利润更大的变化，仍属于敏感因素。

③固定成本的敏感程度。设固定成本增长 20%，则：

FC=40 000×（1+20%）=48 000（元）

按此固定成本计算，利润为：

$P$=100 000×（2−1.20）−48 000=32 000（元）

原来的利润为 40 000 元，其变化率为：

目标值变动百分比 =（32 000−40 000）÷40 000=−20%

固定成本的敏感程度 =（−20%）÷20%=−1

这说明固定成本每上升 1%，利润将减少 1%。

④销售量的敏感程度。设销量增长 20%，则：

$B$=100 000×（1+20%）=120 000（件）

按此计算利润：

$P$=120 000×（2−1.20）−40 000=56 000（元）

利润的变化率：

目标值变动百分比 =（56 000−40 000）÷40 000=40%

销量的敏感程度 = 40%÷20%=2

就例 5-6 而言，影响利润的诸因素中，最敏感的首先是单价（敏感系数 5），其次是单位变动成本（敏感系数 −3），再次是销量（敏感系数 2），最后是固定成本（敏感系数 −1）。其中敏感系数为正值的，表明它与利润为同向增减；敏感系数为负值的，表明它与利润为反向增减。

敏感系数提供了各因素变动百分比和利润变动百分比之间的比例，但不能直接显示变化后利润的值。为了弥补这种不足，有时需要编制敏感性分析表，列示各因素变动百分率及相应的利润值，如表 5-1 为例 5-6 单因素敏感性分析。

**表 5-1　单因素敏感分析表**

| 变动百分比利润项目 | −20% | −10% | 0 | +10% | +20% |
|---|---|---|---|---|---|
| 单价 | 0 | 20 000 | 40 000 | 60 000 | 80 000 |
| 单位变动成本 | 64 000 | 52 000 | 40 000 | 28 000 | 16 000 |
| 固定成本 | 48 000 | 44 000 | 40 000 | 36 000 | 32 000 |
| 销量 | 24 000 | 32 000 | 40 000 | 48 000 | 56 000 |

列表法的缺点是不能连续表示变量之间的关系。为此，人们又设计了敏感性分析图，如图 5-2 为例 5-6 中各因素对利润的敏感性分析。

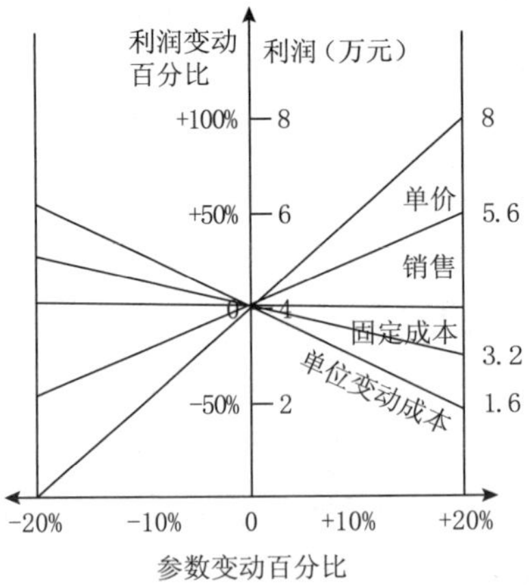


**图 5-2　各因素对利润的敏感性分析**

图 5-2 中，横轴代表单位变动成本、固定成本、销量、单价等各因素变动百分比；纵轴代表利润。根据原来的目标利润点（0，40 000）和单位变动成本变化后的点（+20%，16 000），画出单位变动成本线。这条直线反映单位变动成本不同变化水平时，所对应的利润值和利润变动百分比。其他因素的直线画法与变动成本线类似。这些直线与利润线的夹角越小，对利润的敏感程度越高。

## 5.4　边际分析

### 5.4.1　边际分析的概念

边际贡献，是本量利分析中的一个重要概念，也称作“贡献毛益”，是指其他投入固定不变时，连续地增加某种投入所新增的产出或收益，而边际效益有递减的规律。边际分析，是指分析某可变因素的变动引起其他相关可变因素变动程度的方法，以评价既定产品或项目的获利水平，判断盈亏临界点，提示营运风险，支持营运决策。企业在制订营运计划、营运监控分析等程序过程中，通常在进行本量利分析、敏感性分析的同时运用边际分析工具方法。管理会计工具中的边际分析建立在成本性态分析的基础上，是假设一定范围内单价、单位变动成本、固定成本保持不变的情况，即边际贡献是保持不变，而不是递减。

### 5.4.2　边际分析的表现形式

边际贡献有三种表现形式：单位边际贡献、边际贡献总额和边际贡献率。

1. 单位边际贡献

单位边际贡献是指产品的单价减去它的单位变动成本后的余额，该指标反映该种产品的盈利能力，也就是每增加一个单位产品销售可提供的贡献，其计算公式为：

$$单位边际贡献=单价-单位变动成本=p-b$$

2. 边际贡献总额

边际贡献总额是指产品的销售收入总额减去变动成本总额后的余额。该指标反映它将为企业的营业利润做出多大贡献。其计算公式为：

边际贡献＝销售收入－变动成本

$= px - bx$

＝单价 × 销量－单位变动成本 × 销量

＝（单价－单位变动成本）× 销量

＝单位边际贡献 × 销量

如果企业产销多种产品，那么该企业的边际贡献总额就是各种产品边际贡献之和，因而得到如下多品种下的边际贡献计算公式：

$$边际贡献总额=\sum（单位边际贡献\times销量）$$

3. 边际贡献率

边际贡献率是边际贡献的相对数的形式，用以反映每一元销售收入所产生的边际贡献额。而对于特定产品而言，边际贡献率是该产品的边际贡献与其销售收入之比，或单位边际贡献与其单位单价之比，反映该产品为企业做出贡献的能力。其计算公式如下：

$$边际贡献率=\frac{边际贡献}{销售收入}\times100\%=\frac{单位边际贡献}{销售单价}\times100\%$$

当企业在一定时期产销多种产品时，就可以用各种产品的边际贡献之和与各种产品的总销售收入之比来反映企业平均每实现一元销售收入所获得的边际贡献额，亦称为加权平均边际贡献率。其计算公式如下：

$$加权平均边际贡献率=\frac{\sum 产品边际贡献}{\sum 产品销售收入}\times100\%$$

$$=\frac{\sum（单位边际贡献\times销售量）}{\sum（销售单位\times销售量）}\times100\%$$

$$=\frac{\sum[(p-b)x]}{\sum px}\times100\%$$

$$=\sum（各产品销售产品比重）\times各产品边际贡献率$$

$$=\sum\left(\frac{px}{\sum px}\times\frac{p-b}{p}\right)\times100\%$$

边际分析可以有效地分析业务量、变动成本和利润之间的关系，通过定量分析，直观地反映企业营运风险，促进提高企业营运效益，但决策变量与相关结果之间关系较为复杂，所选取的变量直接影响边际分析的实际应用效果。边际分析工具方法主要有边际贡献分析和安全边际分析等。

通过分析边际贡献，可以衡量产品为企业贡献利润的能力。当企业面临资源约束，需要对多个产品线或多种产品进行优化决策或对多种待选新产品进行投产决策时，可以通过计算边际贡献以及边际贡献率，评价待选产品的盈利性，优化产品组合。如计算现有各条产品线或各种产品的边际贡献并进行比较，增加边际贡献或边际贡献率高的产品组合，减少边际贡献或边际贡献率低的产品组合。

### 5.4.3　安全边际

安全边际是指实际销售量或预期销售量超过盈亏平衡点销售量的差额，体现企业营运的安全程度，衡量企业承受营运风险的能力。安全边际率是指安全边际与实际销售量或预期销售量的比值。

通过分析安全边际，衡量企业在保本的前提下，能够承受因销售额下降带来的不利影响的程度和企业抵御营运风险的能力，尤其是销售量下降时承受风险的能力，也可以用于盈利预测。安全边际或安全边际率的数值越大，企业发生亏损的可能性越小，抵御营运风险的能力越强，盈利能力越大。

**例 5-7**　假设某企业生产 A、B 两种产品，各种产品的单价、单位变动成本和销售量如表 5-2 所示。

**表 5-2　各种产品的单价、单位变动成本和销售量**

| 产品名称 | 单价（元） | 单位变动成本（元） | 销售量（件） |
|---|---|---|---|
| A | 12 | 6 | 1 500 |
| B | 16 | 7 | 2 000 |

两种产品的单位边际贡献、企业边际贡献总额和边际贡献率计算如表 5-3 所示。

**表 5-3　两种产品的单位边际贡献、企业边际贡献总额和边际贡献率**

<table>
<tr><th>品种</th><th>单位边际贡献</th><th>边际贡献总额</th><th>边际贡献率</th><th>企业边际贡献总额</th><th>加权边际贡献率</th></tr>
<tr><td>A</td><td>6</td><td>9 000</td><td>50%</td><td rowspan="2">27 000</td><td rowspan="2">54%</td></tr>
<tr><td>B</td><td>9</td><td>18 000</td><td>56.25%</td></tr>
</table>

## 5.5 案例解析

**例 5-8** 某企业只生产一种产品，产销平衡。预计年产销 30 000 件，单位售价为 2 元，单位变动成本为 1.5 元，计划其固定成本为 10 000 元。该企业拟计划采取甲、乙方案提供的如下措施，优化目前的营销策略。

甲方案：单价由原来的 2 元提高到 2.5 元，但为了使产品预期的销售量能顺利销售出去，全年需增加广告费支出 1 000 元。

乙方案：假设企业的生产能力还有剩余，能增加产量，可以采取薄利多销策略，单价降低 0.1 元，可使销售量增加 3 000 件。

分析要求：

（1）计算甲、乙两方案的盈亏平衡点的销售量；

（2）计算甲、乙两方案实现原来企业利润所需的销售量；

（3）计算甲、乙两方案比原定目标增加多少利润。

**解析：**

原盈亏临界点的销售量 =10 000÷（2−1.5）=20 000（件）

原企业利润 =（30 000−20 000）×（2−1.5）=5 000（元）

（1）盈亏平衡点的销售量

甲方案：（10 000+1 000）÷（2.5−1.5）=11 000（件）

乙方案：10 000÷[（2−0.1）−1.5]=25 000（件）

（2）目标利润所需销售量

甲方案：（10 000+1 000+5 000）÷（2.5−1.5）= 16 000（件）

乙方案：（10 000+5 000）÷（1.9−1.5）=37 500（件）

（3）利润增加额

甲方案：（30 000−16 000）×（2.5−1.5）=14 000（元）

乙方案：（30 000+3 000−37 500）×（19−15）=−1 800（元）

通过比较可知，甲方案较好。此案例通过盈亏平衡分析和实现原来利润所需的销售量比较，并结合影响利润的因素加以分析各方案的优劣。

# 第6章 经营预测
# ——独具慧眼，深谋远虑

导入案例

在 2014 年 9 月 8 日 ~2014 年 9 月 12 日的福布斯全球富豪排行榜中，排名前三位的世界富豪是卡洛斯、比尔·盖茨、巴菲特。据福布斯数据显示，软银集团董事长孙正义连续五日位列财富增长排名前五位，其中四个交易日的个人财富增长均排在全球第二位。阿里巴巴上市后，软银持有阿里巴巴 34.4% 的股份，从个人资产的变化来看，孙正义成为阿里巴巴上市的赢家。

十多年前，孙正义的软银集团在当时名不见经传的阿里巴巴上投下了 2 000 万美元的赌注。十多年后，这个让中国制造商与海外买家实现互联的门户网站演变成了中国头号网上购物商城，软银所持股份的价值据估算也因此暴涨到大约 580 亿美元。孙正义，在互联网产业处于最低谷的时候对阿里巴巴的未来作了最成功的预测，或将借助阿里巴巴的上市再度问鼎世界首富。

# 6.1 经营预测分析概述

## 6.1.1 预测分析的概念

预测就是根据过去和现有的信息，运用一定的科学手段和方法，预计和推测事物未来发展趋势。预测是决策的基础，为决策提供科学依据。

经营预测是指企业根据现有的经济条件和掌握的历史资料以及客观事物的内在联系，对生产经营活动的未来发展趋势和状况进行的预计和测算。

凡事“预则立，不预则废”。预测分析是企业进行科学管理的基础，是企业经营决策基础和依据，有利于提高企业的竞争能力。

## 6.1.2 预测分析的程序

### 1. 明确预测目的和要求

预测目的不同，预测的内容和项目所需要的资料以及运用的方法都会有所不同。根据经营活动需要明确预测的具体要求，并根据具体要求拟定预测项目，制订预测计划以保证预测顺利进行。

### 2. 确定预测对象

要作好预测分析，必须首先确定预测对象，即确定预测分析的内容、做好各阶段的预测工作。

### 3. 收集整理资料

进行预测分析必须要有充分的资料，才能为预测分析提供进行分析的可靠数据。收集资料是进行预测分析的重要一环，是预测分析的基础性工作。收集资料应力求资料完整，资料越完整，预测结果越精确可靠。同时要对所收集的大量资料进行整理、归纳，找出与预测对象有关的各因素之间的相互依存关系。

### 4. 选择预测方法

不同的预测对象和内容，应选择不同的预测方法。尤其是用定量分析法进行预测时，必须根据预测目的和历史数据的变化类型来选择数学模型，确定各变量之间可能存在的联系，根据有关参数，建立预测模型，将有关数据代入预测模型，求得预测值。

5. 分析预测误差并修正预测值

任何方法的预测都不可能完全准确，特别是中、长期预测。尤其是根据数学模型计算出来的预测值可能没有将非计量因素考虑进去，这就需要对其进行修正，使预测值能切实为决策提供科学依据。

### 6.1.3　预测分析的方法

预测分析的分类方法有多种。按预测内容分为销售预测、利润预测、成本预测。

按预测时间长短不同，预测分析可以分为短期预测、中期预测与长期预测。短期预测指对计划年度或季度经济发展前景的预测，是制订年度、季度、月度等计划并明确一年以内经济活动具体任务的依据。中期预测是指对一年以上、五年以下经济活动的预测。长期预测的预测期一般为五年，为制定远景规划及重大的经营管理决策提供依据。

按预测性质不同，预测分析可以分为定性预测与定量预测。定性预测法又称数量分析法、判断分析法或集合意见法，是指依靠预测人员丰富的实践经验和知识以及主观的分析判断能力，在考虑政治局势、经济形势、市场变化、经济政策、消费倾向等对经营影响的前提下，结合预测对象的特点进行综合分析，对事物的未来状况和发展趋势进行预测和推测的预测方法。定量预测法又称数量分析法，是指在完整掌握与预测对象有关的各种要素定量资料的基础上，运用现代数学方法对有关的数据资料进行加工处理，据以建立能够反映有关变量之间规律性联系的各类预测模型的方法体系。

### 6.1.4　经营预测分析的主要内容

经营预测分析的内容包括销售预测、利润预测和成本预测几个方面。

1. 销售预测

销售预测是其他各项预测的前提，是根据市场调查所得到的有关资料，通过有关因素的分析研究，预测和测算特定产品在一定时期内的市场销售量及变化趋势，进而预测本企业产品未来销售量的过程。

### 2. 利润预测

利润预测是指在销售预测的基础上，根据企业未来发展目标和其他相关资料，预计企业未来应达到和可望实现的利润水平及其变动趋势的过程。

### 3. 成本预测

成本预测是根据企业未来发展目标和其他相关资料，运用专门方法，预计企业未来成本水平及其发展趋势的过程。

# 6.2 销售预测

## 6.2.1 销售预测的定义

销售预测又叫产品需求量预测，是指根据有关资料，通过对相关因素的分析研究，预计和测算特定产品在未来一定时期内的市场销售量水平及变化趋势，进而预测本企业产品未来销售量的过程。

在市场经济条件下，实行以销定产，企业的各项经营活动和产品的销售密切相关。因而，在企业预测系统中，销售预测处于先导地位，它对于指导利润预测、成本预测和资金预测，进行长短期预测，安排经营计划，组织生产等都起着重要作用。

## 6.2.2 影响销售预测的因素

影响销售预测的外部因素主要有：社会经济发展规模与速度、社会购买力水平变化、消费结构和消费倾向、市场价格变化趋势、市场竞争态势等，影响销售预测的内部因素主要有：营销策略、销售政策、销售人员、生产状况等。

## 6.2.3 销售的定性预测

定性预测法也称经验判断法。销售的定性预测主要是利用市场调查得到的各种信息，根据预测者个人的知识、经验和主观判断，对销售市场的未来发展趋势做出估计和判断。这种方法的优点是时间短，费用省，简单易行，能综合多种因素。缺点是主观随意性较大，预测结果不够准确。常用的定性预测方法有判断分析法，统计调查法和关联指标推测法。

1. 判断分析法

判断分析法是通过一些具有丰富经验的经营管理人员或知识渊博的外界经济专家对企业一定期间产品的销售量情况作出判断和预计的一种方法。判断分析法主要有：

（1）意见汇集法。意见汇集法是由本企业熟悉销售业务、对于市场的未来发展变化的趋势比较敏感的领导人、主管人员和业务人员，根据经验，分析各种不同意见并对之进行综合分析评价后得出一致的意见。

（2）经理评定法。经理评定法是由企业负责产品推销业务的有关经理人员，根据他们在长期销售工作中积累起来的丰富经验，分析历史销售资料后，判断产品的销售变动趋势。

（3）销售人员意见法。销售人员意见法是利用销售人员对未来销售进行预测。有时是由每个销售人员单独作出预测，有时则与销售经理共同讨论作出预测。预测结果以地区或行政区划汇总，一级一级汇总，最后得出企业的销售预测结果。

（4）专家意见法。专家意见法是借助专业人士的意见获得预测结果的方法。通常采用函询或现场深度访谈的方式进行，在反复征求专家意见的基础上，经过客观分析和多次征询，逐步使各种意见趋于一致。专家一般来自经销商、分销商、供应商、营销顾问和贸易协会等各个方面。由于专家有更多数据和更好的预测方法，因此，其预测往往优于公司的预测。

2. 统计调查法

统计调查法是运用统计理论和方法，在广泛收集、整理、分析销售资料的基础上，对有关产品的未来销售变动趋势和结果进行计量、测算的一种方法。统计调查法分为全面调查法、重点调查法、典型调查法和随机抽样调查法。

3. 关联指标推测法

在已知两种或两种以上的产品之间的市场需求具有十分密切关系的情况下，根据某一种或几种产品的需求量来推测另一种产品的需求量的一种预测方法。例如，汽车轮胎销售量与汽车销售量、纺织面料与服装（正相关关联）；彩色电视与黑白电视（负相关关联）等之间具有关联需求关系。

### 6.2.4　销售的定量预测

销售的定量预测是在充分占有历史销售资料的基础上，运用特定的数学方法对现有资料进行加工、改制或延伸，以估计和推测有关产品未来销售变化及发展趋势的一种分析方法。常用的定量分析方法有：趋势预测分析法和回归分析法。

**1. 趋势预测分析法**

趋势预测分析法，是从指标本身过去的变化趋势作为预测的依据，又称为“趋势外推”，是把未来视为“过去历史的延伸”，其利用的是惯性原理与推断原理。趋势预测分析法主要包括算术平均法、移动加权平均法、指数平滑法等。

（1）算术平均法

算术平均法，又称为简单序时平均数法，即以若干历史时期的统计数值作为观察值，求出算术平均数。本方法适用于变化不大的趋势预测。如果变化呈现某种上升或下降的趋势，就不宜采用此法。

$$\text{预测销售业务量}=\frac{\text{各期销售业务量之和}}{\text{期数}}$$

**例 6-1** 甲公司是一家服装设计与生产公司，主要业务是为全国所有类型的企业提供高度专业化的服务，其主要支柱是为超过 100 家公司员工提供形象制服服务。甲公司在全国拥有 419 个制服出租设施，6 个生产厂，8 个配送中心。甲公司 2018 年 3 ~ 6 月份服装定制销售量业绩如表 6-1 所示。要求：按简单序时平均数法预测 2018 年 7 月份的销售量。

**表 6-1　3 ~ 6 月份的销售资料**

| 月份 | 3 | 4 | 5 | 6 |
|---|---|---|---|---|
| 销售量 / 件 | 900 | 1 050 | 970 | 1 020 |

根据 6-1 资料，预测 2018 年 7 月份的销售量如下：

$$Q=\frac{900+1\ 050+970+1\ 020}{4}=985\text{（件）}$$

（2）移动加权平均法

移动加权平均法是指根据越是近期数据对预测值影响越大这一特点，不同地对待移动期内的各个数据。对近期数据给予较大的权数，对较远的数据给予较小的权数，这样来弥补简单序时平均法的不足。

$$\text{预测销售业务量}=\frac{\sum\text{（某期销售业务量}\times\text{该期权数）}}{\text{各期权数之和}}$$

**例 6-2**　甲公司 1 月份至 11 月份的实际销售额如表 6-2 所示。假定跨越期为 3 个月，权数分别为 1、2、3，试用加权移动平均法预测 12 月份的销售额。

**表 6-2　加权移动平均值计算表**

| 月份 | 1 | 2 | 3 | 4 | 5 | 6 | 7 | 8 | 9 | 10 | 11 | 12 |
|---|---|---|---|---|---|---|---|---|---|---|---|---|
| 销售额（万元） | 37 | 48 | 36 | 50 | 68 | 45 | 48 | 56 | 43 | 67 | 65 | |
| 3 个月的加权移动平均 | | | | 40.17 | 45 | 56.67 | 53.50 | 50.33 | 51.50 | 48.17 | 57.17 | 62 |

解：

$$X_4^A \equiv \overline{X}_3^{(1)} = \frac{3\times36+2\times48+1\times37}{1+2+3} \approx 40.17\text{（万元）}$$

$$X_5^A \equiv \overline{X}_4^{(1)} = \frac{3\times50+2\times36+1\times48}{1+2+3} = 45\text{（万元）}$$

$$\vdots$$

$$X_{12}^A \equiv \overline{X}_{11}^{(1)} = \frac{3\times65+2\times67+1\times43}{1+2+3} = 62\text{（万元）}$$

（3）指数平滑法

指数平滑法是一种特殊的加权平均法，是以事先确定的平滑指数 $a$ 及（$1-a$）作为权数进行加权计算，预测销售量的一种方法。

未来 $n+1$ 期的预测值 $=a\times$ 第 $n$ 期的实际销售量 +（$1-a$）× 第 $n$ 期预测值

公式说明：平滑指数取值通常在 0.3~0.7 之间，取值大小决定了前期实际值与预测值对本期预测值的影响。采用较大的平滑指数，预测值可以反映样本值新近的变化趋势；采用较小的平滑指数，则反映了样本值变化的长期趋势。因此，在销售量波动较大或进行短期预测时，可选择较大的平滑指数；在销售量波动较小或进行长期预测时，可选择较小的平滑指数。

**例 6-3**　甲公司 2018 年 3 ~ 6 月份服装定制销售量业绩如表 6-3 所示，2018 年 6 月份的实际销售量为 1 020 件，假设预测销售量为 1 000 件，平滑指数 $a$=0.5。要求：用指数平滑法预测公司 2018 年 7 月份的销售量。

**表 6-3　3 ~ 6 月份销售资料**

| 月份 | 3 | 4 | 5 | 6 |
|---|---|---|---|---|
| 销售量 / 件 | 900 | 1 050 | 970 | 1 020 |

解：公司 2018 年 7 月份的预测销售量为：

预测销售量 = $a$×6 月份的实际销售量 +（1−$a$）×6 月份的预测销售量

=0.5×1 020+（1−0.5）×1 000

=1 010（件）

2. 回归分析法

当销售与时间之外的其他事物存在相关性时，就可运用回归和相关分析法进行销售预测。依预测情况的不同，回归模型可以是直线，也可以是曲线。有一个自变量为一元回归方程，有多个自变量为多元回归方程。

（1）回归模型建立的程序

①确定影响销售业务量的主要因素

确定主要因素一定要以客观事实为依据，并能够定量考查。主要因素可能不止一个，可根据事物之间的内在规律、以往经验或历史资料进行相关判断。一般来说，自变量越多，预测结果就越有可能接近实际，但定量分析的过程会很复杂；反之，自变量越少，则预测模型越容易建立，但可能出现的预测误差会很大。

②建立因果预测模型

预测变量与相关重要因素之间存在着直接或间接的经济联系。直接联系是指相关因素（自变量）的增减变动会直接引起预测变量（因变量）的相应变动，间接联系是指相关因素（自变量）的增减变动会引起预测变量（因变量）的一定变动，但不一定有固定的数量关系。

③预测销售业务量

建立起来的因果模型，原则上应能事先了解和掌握有关因素的定量资料，可以利用国家公开发表的统计资料以及其他相关资料，亦可利用由企业自行安排或委托他人进行市场调查而取得的有关信息。

（2）将直线回归模型 $y=a+bx$ 应用于销售预测时

如果只有一个自变量 $x$，可以根据回归分析原理建立线性方程 $y=a+bx$，$a$ 和 $b$ 是回归系数，$y$ 代表销售业务量（因变量函数），$x$ 代表时间变量。

用收集的资料求得 $a$ 与 $b$，以建立直线回归模型。按照直线回归分析法的原理，回归系数 $a$ 和 $b$ 的计算公式分别是：

$$a = \frac{\sum y - b\sum x}{n}$$

$$b = \frac{n\sum xy - \sum x\sum y}{n\sum x^2 - (\sum x)^2}$$

## 6.2.5 两种预测分析法的比较

定性预测法和定量预测法的优缺点及适用条件如表 6-4。

**表 6-4　两种预测分析法的比较**

| 分析方法 | 优点 | 缺点 | 适用条件 |
| --- | --- | --- | --- |
| 定性预测法 | 耗费低、适用面广 | 预测结果有一定的主观性 | 1. 缺乏系统、完整的历史销售资料。<br>2. 影响未来事物变化因素难以量化 |
| 定量预测法 | 预测结果、精确性高 | 数学方法（模型）不能概括所有复杂的经济变化情况，易导致预测结果脱离客观实际 | 1. 具有系统、完整的历史销售资料。<br>2. 影响未来事物变化因素可以量化 |

# 6.3 成本预测

## 6.3.1 成本预测的定义

成本预测是根据企业未来的发展目标和现实条件，利用专门方法对企业未来成本水平及其发展趋势所进行的推测与估计。

## 6.3.2 成本预测的程序

成本预测的程序如图 6-1。

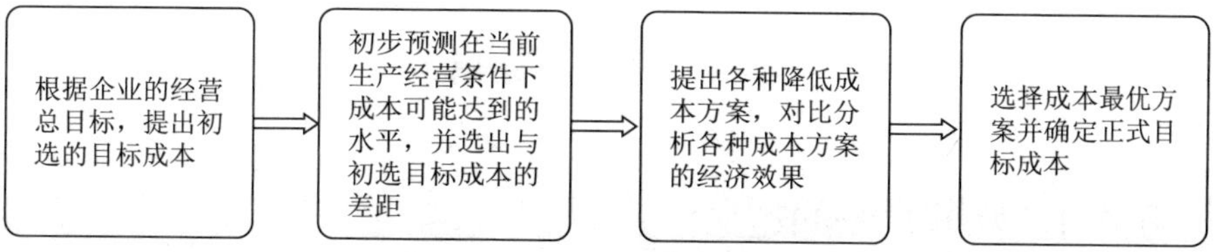


**图 6-1　成本预测程序**

### 6.3.3 成本预测的方法

1. 成本变动趋势预测

（1）成本性态模型：$y=a+bx$

（2）常用方法

① 高低点法：指在若干连续时期中，选择最高业务量和最低业务量两个时点的半变动成本进行对比，求得变动成本和固定成本的一种分解半变动成本的方法。

② 线性回归分析法：最小二乘法原理，当历史成本资料中，单位产品成本忽高忽低，变动幅度较大时，采用此法。参考外部市场供求、国家政策、原材料供应与运输、信贷利率（资金成本因素）。与定性判断结合，考虑产品设计环节对成本的影响。

2. 目标成本预测

（1）目标成本：是为实现目标利润所应达到的成本水平或应控制的成本限额。

切实可行成本，既不能“舒舒服服”地达到；也不是高不可攀。即所谓的“跳一跳，摘得到”。

（2）计算方法：

① 根据目标利润制订目标成本

目标成本＝预计销售收入－目标利润

② 根据资金利润率制订目标成本

目标成本＝预计销售收入－预计资金利润率×平均资金占用额

③ 根据销售利润率制订目标成本

目标成本＝预计销售收入×（1－销售利润率）

④ 以同行业先进的成本水平作为目标成本

## 6.4 利润预测

### 6.4.1 利润预测的定义

利润预测是按照企业经营目标的要求，根据企业未来发展目标和其他相关资料，通过对影响利润变化的成本、产销量等因素的综合分析，预计、推测或估算未来应达利和可望实现的利润水平及其变动趋势的过程。

对企业利润的预测，最主要的是对营业利润的预测。

### 6.4.2 利润预测的意义

利润预测对企业进行生产经营决策意义重大，利润的高低影响到企业的投资、融资决策，预期利润的多少还直接影响到企业股利政策的制定。

### 6.4.3 目标利润的预测步骤

目标利润是指企业在未来一段期间内，经过努力应该达到的最优化利润控制目标。

**1. 调查研究，确定利润率标准**

从可供选择的利润率的计算口径上看，主要包括：销售利润率、产值利润率、资金利润率等，既可以是平均利润率、历史最高水平利润率；也可以是国内外同行业、本地区和本企业的利润率。

**2. 计算目标利润基数**

目标利润基数公式如下。

目标利润基数 = 预定的销售利润率 × 预计产品销售额 = 预定的产值利润率 × 预计总产值 = 预定的资金利润率 × 预计资金平均占用额

**3. 修正目标利润**

对影响利润的因素进行分析，形成目标利润预测值。比较目标利润基数与目标利润预测值，修正目标利润。

目标利润=目标利润基数+目标利润修正值

**4. 分解目标利润，纳入预算体系**

目标利润经确定就应立即纳入预算执行体系，层层分解落实，以此作为采取相应措施的依据。

### 6.4.4 利润预测方法

**1. 盈亏平衡分析法**

（1）概念

盈亏平衡分析法也称损益平衡分析法，主要根据成本、业务量和利润三者之间的变化关系，分析某一因素的变化对其他因素的影响。

（2）相关公式

目标利润 = 预计产品的销售数量 ×（单位产品的售价 − 单位产品变动成本）− 固定成本费用

**例 6-4** 信达思公司是一家服装生产公司，该公司上一年服装的定制销售收入为 2 500 万元，销售 1 250 件，变动成本为 625 万元，固定成本为 500 万元。下一年度销售量增加 15%，单价和成本水平不变。

要求：预计下一年度的利润。

解析：

单价 =2 500 ÷ 1 250 =2（万元）

单位变动成本 =625 ÷ 1 250=0.5（万元）

目标利润 =1 250 ×（1+15%）×（2−0.5）−500=2 156.25−500= 1 656.25（万元）

**2. 相关比率法**

（1）概念

根据利润与有关指标之间的内在关系，对计划期间的利润进行预测的一种方法。常用的相关比率主要有销售收入利润率、资金利润率等。

（2）相关公式

利润=预计销售收入 × 销售收入利润率

利润=预计平均资金占用额 × 资金利润率

**例 6-5** 信达思公司 2019 年服装的预计销售收入为 2 500 万元，销售收入利润率为 15%。

要求：预计下一年度的利润。

解析：

利润 = 预计销售收入 × 销售收入利润率 =2 500 × 15%=375（万元）

**3. 因素测算法**

（1）概念

因素测算法是在基期利润水平的基础上，根据计划期间影响利润变化的各项因素，预测出企业计划期间的利润额。以盈亏平衡分析法的基本原理为基础。

（2）影响因素

影响产品销售利润的主要因素有产品销售量、产品品种结构、产品成本、产品销售价格及产品销售税率等。

①预测产品销售量变动对利润的影响。在其他因素不变的情况下，计划期产品销售量增加，利润额也会随之增加；反之，计划期产品销售量减少，利润额也会随之下降。

②预测产品品种结构变动对利润的影响。产品品种结构变动对利润的影响是由于各个不同品种的产品利润率是不同的，而预测计划期利润时，是以本期各种产品的平均利润率为依据的。如果计划期不同利润率产品在全部产品中所占的销售比重发生变化，就会引起全部产品平均利润率发生变动，从而影响到利润额的增加或减少。所以，应根据预测的计划期产品品种结构变动情况，确定计划期平均利润率，然后通过比较本期和计划期利润率的差异，计算计划期由于品种结构变动而增加或减少的利润数额。

③预测产品成本变动对利润的影响。在产品价格不变的情况下，降低产品成本会使利润相应地增加。由于成本降低而增加的利润，可根据经预测确定的产品成本降低率来求得。

④预测产品价格变动对利润的影响。如果在计划期产品销售价格比上期提高，则销售收入也会增多，从而使利润额增加；反之，如果产品销售价格降低，就会导致利润额的减少。销售价格增加同样会使销售税费相应地增减，这一因素同样要考虑进去。

⑤预测产品销售税率变动对利润的影响。产品销售税率变动直接影响利润额的增减。如果税率提高，可使利润额减少；如果税率降低，则使利润额增加。

（3）基本公式

计划期利润 = 基期利润 ± 计划期各种因素的变动而增加或减少的利润

**例 6-6**　信达思公司基期利润为 2 000 万元，因材料成本上涨，使得计划期的利润额减少 230 万元，不考虑其他因素对计划期利润额的影响。

要求：计算计划期利润。

解析：

计划期利润 = 基期利润 ± 计划期各种因素的变动而增加或减少的利润

=2 000−230

=1 770（万元）

## 6.5 案例解析

甲公司为乙公司定制生产的员工形象服装A产品，过去6年的产量和成本资料如表6-5所示。要求预测2018年A产品产量为12 000件时的成本。

表6-5 A产品成本资料表

| 年份 | 总产量（件） | 总成本（元） |
|---|---|---|
| 2012 | 3 000 | 435 000 |
| 2013 | 6 000 | 660 000 |
| 2014 | 10 500 | 997 500 |
| 2015 | 4 500 | 547 500 |
| 2016 | 7 500 | 772 500 |
| 2017 | 9 000 | 885 000 |

解：具体计算如表6-6所示：

表6-6 A产品成本计算表

| 年份 | $x$ | $y$ | $xy$ | $x^2$ |
|---|---|---|---|---|
| 2012 | 3 000 | 435 000 | 1 305 000 000 | 9 000 000 |
| 2013 | 6 000 | 660 000 | 3 960 000 000 | 36 000 000 |
| 2014 | 10 500 | 997 500 | 10 473 750 000 | 110 250 000 |
| 2015 | 4 500 | 547 500 | 2 463 750 000 | 20 250 000 |
| 2016 | 7 500 | 772 500 | 5 793 750 000 | 56 260 000 |
| 2017 | 9 000 | 885 000 | 7 965 000 000 | 81 000 000 |
| 合计 | 40 500 | 4 297 500 | 31 961 250 000 | 312 760 000 |

$$b=\frac{n\sum xy-\sum x\sum y}{n\sum x^2-(\sum x)^2}=\frac{6\times 31\ 961\ 250\ 000-40\ 500\times 4\ 297\ 500}{6\times 312\ 760\ 000-40\ 500\times 40\ 500}\approx 75（元）$$

$$a=\frac{\sum y-b\sum x}{n}=\frac{4\ 297\ 500-75\times 40\ 500}{6}=210\ 000（元）$$

因此，一元回归直线方程为：$y=210\ 000+75x$

则2018年A产品成本预测值 =210 000+75×12 000=1 110 000（元）

# 第7章　经营决策
## ——权衡利弊，能谋善断

导入案例

多元化经营在20世纪60年代风靡全球，认为多元化能分散风险，东方不亮西方亮。然而，随着一个个公司的衰落，到了20世纪80年代，世界又回归到核心竞争的时代。

格力集团就是集中兵力、打拳头产品的家电企业。在中国的家电产业里，格力集团是一个很有特色的企业。第一，该公司从其成立之日起，就将空调作为主要经营业务，而且只限于做家用空调，不生产中央空调、汽车空调等。第二，该公司进入空调时间较晚，当时春兰、华宝、美的等一批国内企业已经崛起，在市场份额与品牌声誉等方面占有了很大优势。第三，目前家电产业的许多公司出于分散风险、迅速扩张等原因，纷纷开展多元化经营，但格力集团仍然坚持专业化经营。

格力电器是中国唯一一家坚持专一化经营战略的大型家电企业。长期以来，经济界、营销界、企业管理界有一些人对格力坚持专一化经营战略持否定态度。但是，肯定也好，指责也罢，最近出版的著名国际财经杂志美国《财富》中文版揭晓的消息表明：作为我国空调行业的领跑企业，格力电器股份以2 000亿人民币的营业收入、263.8亿人民币的净利润，以及2020.1.2市值4 080亿人民币市值等，再次荣登该排行榜第46位，入选《财富》“中国企业百强”。成为少数连续两年进入该排行榜的家电企业之一。不仅多项财务指标均位居家电企业前列，而且在2002年空调市场整体不景气的情形下，格力空调的销售实现了稳步增长，销量增幅达20%，销售额和净利润均有不同程度地提高，取得了良好的经济效益，充分显示了专一化经营的魅力。

在技术革新、企业优化管理、资源有效配置的基础上，格力集团着力降低生产成本，使产品价格在同行业中处于有利地位。同时，做好厂房、机器设备等生产成本的折旧、摊销等方面的核算，适当的时候可以将装配、运输等人力需求量较大的环节转移到劳动力价格低廉的地区。

格力集团优秀的生产经营决策使得格力集团能有如此出色的成绩，在空调行业首屈一指。

## 7.1 决策分析概述

经营决策是对产品日常生产的管理，在产品功能与成本协调基础上解决生产什么产品，如何进行产品生产的组织和规划问题，最终通过合理定价体现产品的价值。

短期经营决策的内容有很多，概括来说，主要包括生产决策、定价决策及存货决策。

## 7.2 生产决策

生产决策是企业短期经营决策的重要内容，主要包括新产品投产的决策、是否停产或增产亏损产品的决策、产品是否转产的决策、零部件是自制还是外购的决策、是否深加工半产品的决策、是否进一步加工有关产品的决策、是否接受特殊价格追加订货的决策、生产工艺技术方案的决策、资源约束条件下的产品最优组合决策等。

### 7.2.1 新产品投产的决策分析

短期经营决策中新产品投产的决策主要是指企业利用现有剩余生产能力来开发新产品的过程中，在两个或两个以上在市场上有销路的新产品中选择最优产品的决策。

这种决策可以按照是否追加专属成本分两种情况讨论。

1. 不追加专属成本时

在新产品开发的品种决策中，如果有关方案均不涉及追加专属成本，就可以用单位资源边际贡献分析法或边际贡献总额分析法进行新产品开发的决策。

2. 追加专属成本时

当新产品开发的品种决策方案中涉及追加专属成本时，就无法继续使用单位资源边际贡献分析法和边际贡献总额分析法，而应当考虑使用相关损益分析法进行决策。

### 7.2.2　是否停产或增产亏损产品的决策分析

是否停产或增产亏损产品的决策分析，主要研究在企业生产多种产品时，如果某一种产品出现了亏损，那么是按照原有规模继续生产该亏损产品，还是停止生产该亏损产品或是按照扩大的规模生产该亏损产品的问题。

1. 是否停产亏损产品的决策

（1）当停产亏损产品以后，闲置下来的生产能力无法转移，也不能将有关设备对外出租。在这种情况下，只要亏损产品的单价大于其单位变动成本，就不应当停产。

这是因为，继续生产能够提供正的边际贡献的亏损产品至少可以为企业补偿一部分固定成本，减少亏损。如果停止生产，作为沉没成本的固定成本仍然还要发生，并且由其他产品负担，最终导致整个企业的利润减少。

（2）如果亏损产品停产以后，闲置下来的生产能力可以转移，例如，将有关设备用于对外出租时，则必须进一步考虑有关机会成本（租金）因素。如果亏损产品创造的边际贡献小于与生产能力转移有关的机会成本（租金），就应当停产。反之，则不应当停产。

2. 是否增产亏损产品的决策

对于亏损产品，既然不能轻易地停止生产，那么是否可以考虑适当增产亏损产品呢？对此，可以从以下几种情况进行分析。

（1）当企业具备增产亏损产品的能力，且增产能力无法转移，亏损产品的收入大于其变动成本时，应当增产该亏损产品。

（2）当企业具备增产亏损产品的能力，但增产能力也可以转移时，则需比较分析。如果增产该亏损产品创造的边际贡献大于增产能力转移有关的机会成本，那么就应当增产该亏损产品；反之，就不应当增产该亏损产品。

（3）当企业尚不具备增产亏损产品的能力时，要达到增产亏损产品的目标，就必须追加投入一定的专属成本。在这种情况下，如果该亏损产品能提供正的边际贡献，那么应当运用相关损益分析法，通过判断增产亏损产品方案与停产方案的相关损益进行决策。

### 7.2.3 产品是否转产的决策分析

短期经营决策中的转产是指调整个别品种构成，利用现有条件，将亏损产品或低盈利性产品的生产能力转移到开发新产品或其他产品上来。这种方式一般不涉及生产能力的变动，同单纯开发新产品及亏损产品转产、增产的决策有一定区别。此类决策一般采用边际贡献法。

### 7.2.4 零部件是自制还是外购的决策分析

这类分析方法适用于那些既可以从市场上买到，又可自行制造零部件的取得方式的决策。零部件是自制还是外购的决策方案通常不涉及相关收入，只需要考虑相关成本因素。当零部件年需用量确定时，自制或外购的决策可采用相关成本分析法进行决策。在零部件年需要量不确定时，自制或外购决策可采用成本无差别点法进行决策。

### 7.2.5 是直接出售半成品，还是进一步加工半成品的决策

企业常常会面临究竟是直接出售半成品还是深加工半成品后再出售的会计决策问题。某些制造企业生产的产品，在完成了一定的加工程序后，就可以作为半成品出售，但也可以继续加工再行出售。半成品经过深加工后形成的产成品售价肯定要高于半成品售价，但相应地也要追加一定的深加工成本。因此，在进行是否深加工半成品的决策时，不仅要考虑半成品和产成品的销路问题，还要考虑有关售价、加工成本、专属成本、现有深加工能力及其是否可以转移的问题。当半成品与产成品的投入产出比不为1∶1时，还要考虑它们的相关产量。

在这类决策中，深加工前的半成品，无论是变动成本还是固定成本，都属于沉没成本，是与决策无关的非相关成本，应不予考虑，相关成本只包括与深加工有关的成本，而相关收入则包括产品直接出售和加工后出售的有关收入。此类决策一般采用差别损益分析法进行决策分析。

### 7.2.6 是否进一步加工联产品的决策分析

许多行业在同一生产过程中可以产出多种产品，这些产品利用同一材

料，经过同一加工过程生产出来，称为联产品。例如，石油精炼工业的汽油、煤油、轻油、润滑油和重油等联产品。联产品的生产主要采取连续生产的形式，在这一点上，与同一工序中生产几种产品的等级品生产或组别生产似乎没有多大差别。二者的差异是在生产技术上，联产品必然会同时生产出来，其各种产品的比例不能由企业主观地加以改变；而等级品生产或组别生产，企业可自由地按照自己的意图改变其生产比例。

通常联产品产出结构比较稳定，当企业生产的联产品既可在分离后出售，也可以再进一步加工后出售时，就需要根据经济效益的原则，对两种出售方式作出决策。对联产品是否进一步加工的决策的目的在于尽可能增加企业的利润。

联产品分离前的成本称为联合成本，分离后的继续加工的成本称为可分成本。进行此类问题的决策与半成品是否继续加工的决策类似，联产品分离前的联合成本属于沉没成本，决策中不予考虑，只有继续加工发生的可分成本才是决策相关的成本。这时，应采用差量损益分析法。

### 7.2.7　是否接受特殊价格追加订货的决策分析

所谓特殊价格追加订货，是指在企业尚有一定剩余生产能力可以利用的情况下，如果外单位要求以低于正常价格甚至低于计划产量的平均单位成本的特殊价格追加订货量时，那么企业是否可以考虑接受这种条件苛刻的追加订货。因情况不同而有异，常见的几种情况分述如下。

**1. 只利用剩余生产能力且剩余能力无法转移，也不影响正常销售**

当追加订货不冲击正常订货，又不要求追加专属成本而且剩余能力无法转移时，只要特殊订货单价大于该产品的单位变动成本，就可以接受该追加订货。因为，此时企业的固定成本已由正常销售的产品负担，则特殊订货带来的边际贡献，将全部形成额外利润。

**2. 利用剩余生产能力且剩余能力无法转移，但会减少部分正常销售**

若特殊订货会妨碍企业原有计划任务的完成，因而减少部分正常销售时，应将因减少正常销售而损失的边际贡献追加为订货方案的机会成本。当追加订货的边际贡献额足以补偿这部分机会成本且有剩余时，则可以接受订货。

3. 利用剩余生产能力且剩余能力无法转移，但要追加专属成本

若特殊订货要求追加专属成本，如需要增添部分设备、工具等，则接受此追加订货方案的可行条件是：该特殊价格追加订货的边际贡献大于专属成本。

4. 当企业有关的剩余生产能力可以转移时

当企业有关的剩余生产能力可以转移时，则应将与此有关的可能收益作为追加订货方案的机会成本综合考虑，当特殊价格追加订货的边际贡献大于机会成本时，则可接受订货。

## 7.2.8　生产工艺技术方案的决策分析

生产工艺技术方案的决策，是指企业在组织生产过程中，常常面临不同的工艺技术方法选择的问题。采用先进工艺生产时，所用的设备价值较高，其维修费、管理费等也相应较高，固定成本较高，但由于先进工艺的生产具有效率高、材料消耗低、废品率低等特点，使得其单位变动成本相对较低。如制造业企业，同一种产品既可以用手工操作方式，又可安排半机械化、机械化或自动化方式生产。一般情况下，机械化、自动化程度越高，越可以降低材料消耗，降低工人劳动强度，提高劳动生产率，产品单位变动成本就越低，但会增加固定成本。因此，在进行此类决策时，应充分考虑未来销量的变动趋势，根据生产规模选择合适的方案。这类决策可以采用成本无差别点分析法。

## 7.2.9　资源约束条件下的产品最优组合决策

企业的生产往往会受到各种资源条件的限制，如市场容量、机器工时、原料供应量等，一种产品生产量的增加，就要影响到另外产品数量的减少。那么，如何把有限的经济资源充分加以利用，并在各产品之间作出最有利分配的优化决策呢？对于这类问题，往往需要应用线性规划的方法来实现不同产品生产的最优组合，以便实现利润最大化或成本最小化。

## 7.3　定价决策

### 7.3.1　影响定价的因素

1. 供需关系决定价格

市场供需关系的变动直接影响产品价格的变动。一般而言，当某产品市场需求量大于供给量时，价格应该提高；当市场需求最小于供给量时，价格应该下降。不同的产品，其需求价格弹性不同。工业品市场，特别是重工业，弹性偏低，顾客首先考虑的是产品的品质、性能，价格只是在与同质产品比较时才予考虑；消费品市场，特别是日常生活用品，重复购买率高，需求价格弹性较大，薄利多销是首选策略；而耐用消费品，重复购买率低，应考虑高价策略。

2. 产品价值是产品价格的基础

产品价格是产品价值的货币表现，二者关系极为密切。产品价值的大小，在很大程度上决定着产品价格的高低，它是影响产品价格变动的最重要的因素。其中产品价值中的成本在定价中又起着决定性作用。在确定产品和劳务价格时，首先考虑保证回收成本，在此基础之上，企业才能有利可图。在正常情况下，产品价格应高于其成本，以保证企业的盈利水平。

3. 竞争形势

在市场经济条件下，企业之间必然存在竞争。但是竞争程度不同，企业的“定价自由”也就有所不同。在市场经济条件下，存在完全竞争、寡头垄断竞争和纯粹垄断等市场类型。

在完全竞争市场上，需求数量很大，每一企业的产品占市场很小份额，故无法影响价格，市场价格不以某一企业的供给量大小而发生变化。在完全竞争条件下，卖方和买方只能是“价格的接受者”，而不是“价格的决定者”。

垄断性竞争是一种介于完全竞争和纯粹垄断之间的市场类型。在垄断性竞争的市场上，有许多卖方和买方，但各个卖方所提供的产品有差异，因此，各个卖方对其产品有相当的垄断性，能控制其产品价格。这就是说，在垄断性竞争的条件下，卖方已不是消极的“价格接受者”，而是强有力的“价格决定者”。

寡头垄断竞争是竞争和垄断的混合物。在寡头垄断竞争的条件下，少数几家大企业控制市场价格，而且它们相互依存、相互影响。在寡头市场，企业的价格决策一定要首先预计到其他企业作出何种反应，否则，决策的结果很可能是适得其反。

纯粹垄断是指在一个行业中某种产品的生产和销售完全由一个卖方独家经营和控制。在纯粹垄断的条件下，卖方完全控制市场价格，可以在国家法律允许的范围内随意定价。企业为使利润最大，其最佳生产量应是边际成本等于边际收入的那一点。此点同时决定最佳价格。

总之，除了完全竞争之外，在垄断性竞争、寡头垄断竞争和纯粹垄断的条件下，企业都须对产品制定适当的价格。

4. 差价 / 比价影响价格

商品差价一般表现为季节差价、地区差价、批零差价和质量差价。制定价格时，应考虑到这些因素的影响。比价是指不同的商品在同一市场、同一时间的价格比例关系。制定价格时，应处理好同一类产品不同规格之间、整机与零部件之间的比价关系。

5. 国家的价格政策

价格政策是国家管理价格的有关措施和法规，它是国家经济政策的组成部分。企业应在国家规定的定价范围内自由决定产品的价格。

除上述几方面之外，产品的质量、产品所处的生命周期、消费者的支付能力与心理状态等，也是影响产品价格的重要因素。

### 7.3.2 以市场为导向的定价原理

以市场为导向的定价，就是通过分析不同市场竞争类型中产品价格与销售量之间的关系来确定产品最优销售价格的决策方法。

市场经济中由于供需规律作用，若要扩大销售量，就应降低产品价格，提高产品性能，增加品种；若要提高产品价格，就会减少销售量，同时应提高产品质量。

如果产品价格有所降低，销售量就会增加，最初的销售收入会增长较快，但随着产品价格降低幅度变大，销售收入的增长速度就会变缓，最终还可能出现下降趋势。

相应地，当产品价格较高时，由于产销量较低，产品销售成本也就较低。当产品价格逐渐降低时，销售量逐渐增大，使得资源利用效率大大提高，销售成本会以较缓慢的速度增长。当销售量增大到一定程度时，资源利用开始饱和，相关费用开始有较大幅度上升，导致销售成本增长速度又开始加快。

根据市场供需规律，销售收入和销售成本随着产品价格和销售量的不同在坐标图上都表现为曲线，即销售收入和销售成本函数至少都是一元二次方程。

如果产品定价越高，销售收入也越高，单位产品利润就较高，但由于定价过高，市场需求就会减少，从而销售量趋于减少，由于达不到规模经济的效果，产品单位成本又会相应提高，利润总额就不会很大，甚至销售量可能达不到盈亏平衡点；如果产品定价偏低，单位产品利润就会较低，虽然市场需求会上升，销售量趋于增大，但利润总额也不会很大。

以市场为导向的定价决策的中心问题就是如何根据价格与销售量的关系确定价格与销售量的最优组合，使企业在一定市场容量下实现利润最大化，在这个基础上形成的销售价格就是最优价格。

产品的最优销售价格，既不是水平最高的价格，又不应为水平最低的价格，而是使销售收入与销售成本的差额达到最大值时的价格，也就是使企业获得最大利润时的价格。

在以市场为导向的情况下，如果产品处于非完全竞争市场，则边际收入线是一条向右下方倾斜的曲线，而边际成本线则是一条向右上方倾斜曲线。由于收入和成本函数有连续型和离散型之分，产品最优价格的确定有公式法和列表法两种。

### 1. 公式法

公式法指通过对价格和销售量之间的关系进行预测，建立价格与销售量之间的关系方程式以及销售成本与销售量之间的关系方程式，在此基础上通过对销售收入和销售成本方程式求导数来确定产品的最优销售价格和最优销售量的一种方法。

### 2. 列表法

列表法根据不同价格下的不同销售量列表计算边际收入和边际成本的方法。在离散条件下，除了边际利润等于零时可以找到最优售价外，如果无法找到边际利润等于零，则最优售价的位置应该在边际利润为不小于零的最小值的地方。

### 7.3.3 以成本为基础的定价决策

在现实经济工作中，多数企业以会计上所计算的产品成本为基础制定产品价格；产品成本是制定价格的最低限额，企业要想将其业务维持下去，产品的价格必须得补偿其成本。

**成本加成定价法**

以成本为导向的定价最常用的方法是成本加成定价法，其理论基础是产品的价格必须首先补偿成本，然后再考虑为投资者提供合理的利润。成本加成定价法是在单位产品成本的基础上按预定的加成率计算相应的加成额，进而确定产品的目标售价。其基本的计算公式如下：

产品价格=单位产品成本+单位产品成本×加成率

=单位产品成本×（1+加成率）

由于成本计算有完全成本法和变动成本法，它们计算出来的成本内涵各不相同，因而成本加成定价法又分为全部成本加成定价法和变动成本加成定价法。

全部成本加成定价法：以事先估计或事后计算的产品全部成本，按照事先拟定的加成率确定产品价格的方法。全部成本加成定价法又包括单位产品总成本和单位产品生产成本两种全部成本基础。单位产品总成本是产品的生产成本加上分配的销售费用和管理费用，因而也称为单位全部分配成本。

以单位产品总成本为基础的定价公式如下：

产品价格 = 单位产品总成本×（1+加成率）

以单位产品生产成本为基础的定价公式如下：

产品价格 = 单位产品生产成本×（1+加成率）

变动成本加成定价法：变动成本加成定价法是在事前估计或事后计算的产品变动成本基础上，按照事先拟订的加成率确定产品价格的方法。变动成本加成定价法也包括单位产品变动总成本和单位产品变动生产成本两种变动成本基础。单位产品变动总成本是产品的变动生产成本加上分配的变动销售费和变动管理费用。

以单位产品变动总成本为基础的定价公式如下：

产品价格 = 单位产品变动总成本 ×（1+加成率）

以单位产品变动生产成本为基础的定价公式如下：

产品价格 = 单位产品变动生产成本 ×（1+加成率）

成本加成定价法的关键是如何确定合理的加成率。成本加成率的大小一般取决于企业生产该产品所希望获得的目标利润，而目标利润又取决于一个部门、一条生产线或一种产品的目标投资报酬率。其计算公式如下：

目标利润 = 平均投资总额 × 目标投资报酬率

在确定加成率时，必须谨慎对待，务必使它除能为企业提供预期的目标利润外，还需包括一切应该补偿的成本项目。

加成率的计算公式如下：

以产品总成本为基础的加成率 = 目标利润 ÷ 成本总额 ×100%

以产品生产成本为基础的加成率 =（目标利润 + 非生产成本）÷ 生产成本总额 ×100%

以产品变动总成本为基础的加成率 =（目标利润 + 固定成本总额）÷ 变动成本总额 ×100%

$$\text{以产品变动生产成本为基础的加成率} = \frac{\text{目标利润+固定制造费用+非生产成本}}{\text{变动生产成本总额}} \times 100\%$$

成本加成定价法下的加成率不是固定不变的，它一般要随经济环境的变化而变动，在现实经济中，产品的价格最终是由市场决定。因此按成本加成法制定的产品价格一定要随市场和需求的变化而进行调整，定价决策不能简单地仅仅以成本为基础。

## 7.3.4　其他定价策略

定价决策分析还包括最低定价法、差别对待定价策略、新产品定价策略等。

### 1. 最低定价法

在某些情况下，特别是当企业满负荷工作时，可以按照以下原则对产品定价：如果企业进一步生产盈利性更强的其他产品时，不会导致企业的利润下降，这时的价格就是该产品的最低价格。在最低价格之上的任何增量金额都将会给企业带来更高的利润。

企业在确定某产品的最低价格时，如果资源是稀缺的，则必须考虑生产和销售该产品所耗用资源的机会成本。因此，生产某产品的最低价格应该由两部分构成：

（1）生产和销售该产品所发生的增量成本。

（2）生产和销售该产品所耗用资源的机会成本。

确定产品的最低价格是以相关成本为基础的，但它不可能是产品的最终价格，因为它没有为企业带来任何增量利润。然而，计算产品最低价格对决策是非常有用的，因为低于最低价格的定价是不能被接受的，而任何超过最低价格的定价都会给企业带来增量利润。

### 2. 差别对待定价策略

差别对待定价是指企业对同一种产品或劳务根据消费者不同的需求而制定不同的价格。这种价格差异主要反映需求的不同，而不反映成本费用上的差异。差别对待定价策略主要有以下四种：

（1）依据消费者对象差别定价。

（2）依据产品型号或形式差异定价。

（3）依据位置差异定价。

（4）依据时间差异定价。

对产品差别对待定价，有利于企业在不同的市场上获得尽可能大的利润，有利于满足不同需求层次的消费者的需求。但实行差别对待定价不能引起顾客的反感；且某种差别对待定价不得违反有关法规。

### 3. 新产品定价策略

新产品的定价一般有两种策略：撇油性定价和渗透性定价。

（1）撇油性定价

撇油性定价指在新产品刚上市场时，把产品的价格定得很高，同时花费巨额广告费用和销售费用促销。以后随着市场扩大，竞争加剧，再把价格逐步降低。这样，在不同时期，产品利润的“油脂”被逐步撇掉，直到以低价维持销售。

这种策略的目标是保证产品在销售初期获得高额利润，以补偿新产品在研究和开发方面所耗费的大量资金以及在产销方面无法预知的成本。但正因为上市初期的高额利润，会迅速引来竞争对手，高价不能持久。因此，这是一种短期性的定价策略，一般适用于初期没有竞争对手，而且容易开辟市场的新产品。

（2）渗透性定价

渗透性定价指在新产品刚上市场时，为了开拓新产品市场，把产品的价格定得较低，以吸引大量顾客，提高市场占有率，赢得竞争优势后再逐步提价。这种策略尽管在初期获利不多，但它能有效地排除其他企业的竞争，便于在市场上建立长期的领先地位，能持久地为企业带来日益增长的经济效益，因而是一种长期性的定价策略。

## 7.4　存货决策

### 7.4.1　存货决策的目标

存货是指企业在生产经营过程中为销售或者耗用而储备的物资，包括材料、燃料、低值易耗品、在产品、半成品、产成品、协作件、商品等。

如果工业企业能在生产投料时随时购入所需的原材料，或者商业企业能在销售时随时购入该项商品，就不需要存货。但实际上，企业总有储存存货的需要，并因此占用或多或少的资金。这种存货的需要出自以下原因：

第一，保证生产或销售的经营需要。实际上，企业很少能做到随时购入生产或销售所需的各种物资，即使是市场供应量充足的物资也如此。这不仅因为不时会出现某种材料的市场断档，还因为企业距供货点较远而需要必要的途中运输及可能出现运输故障。一旦生产或销售所需物资短缺，生产经营将被迫停顿，造成损失。为了避免或减少出现停工待料、停业待货等事故，企业需要储存存货。

第二，出自价格的考虑。零购物资的价格往往较高，而整批购买在价格上常有优惠。

但是，过多的存货要占用较多的资金，并且会增加包括仓储费、保险费、维护费、管理人员工资在内的各项开支。存货占用资金是有成本的，占用过多会使利息支出增加并导致利润的损失；各项开支的增加更直接使成本上升。进行存货管理，就要尽力在各种存货成本与存货效益之间作出权衡，达到两者的最佳结合。

### 7.4.2　存货决策的有关成本

与储备存货有关的成本，包括以下三种：

### 1. 取得成本

取得成本指为取得某种存货而支出的成本，通常用 $TC_a$ 来表示。其又分为订货成本和购置成本。

（1）订货成本

订货成本指取得订单的成本，如办公费、差旅费、邮资、电话费等支出。订货成本中有一部分与订货次数无关，如常设采购机构的基本开支等，称为订货的固定成本，用 $F_1$ 表示；另一部分与订货次数有关，如差旅费、邮资等，称为订货的变动成本，每次订货的变动成本用 $K$ 表示；订货次数等于存货年需要量 $D$ 与每次进货量 $Q$ 之商。订货成本的计算公式为：

$$订货成本 = F_1 + \frac{D}{Q} \times K$$

（2）购置成本

购置成本指存货本身的价值，经常用数量与单价的乘积来确定。年需要量用 $D$ 表示，单价用 $U$ 表示，于是购置成本为 $DU$。

订货成本加上购置成本，就等于存货的取得成本。其公式可表述为：

取得成本=订货成本+购置成本

=订货固定成本+订货变动成本+购置成本

$$TC_a = F_1 + \frac{D}{Q}K + DU$$

### 2. 储存成本

储存成本指为保持存货而发生的成本，包括存货占用资金所应计的利息（若企业用现有现金购买存货，便失去了现金存放银行或投资于证券本应取得的利息，视为“放弃利息”；若企业借款购买存货，便要支付利息费用，视为“付出利息”）、仓库费用、保险费用、存货破损和变质损失等，通常用 $TC_c$ 来表示。

储存成本也分为固定成本和变动成本。固定成本与存货数量的多少无关，如仓库折旧、仓库职工的固定月工资等，通常用 $F_2$ 来表示。变动成本与存货的数量有关，如存货资金的应计利息、存货的破损和变质损失、存货的保险费用等，单位成本用 $K_c$ 来表示。用公式表述的储存成本为：

储存成本=储存固定成本+储存变动成本

$$TC_c = F_2 + K_c \frac{Q}{2}$$

3. 缺货成本

缺货成本指由于存货供应中断而造成的损失，包括材料供应中断造成的停工损失、产成品库存缺货造成的拖欠发货损失和丧失销售机会的损失（还应包括需要主观估计的商誉损失）；如果生产企业以紧急采购代用材料解决库存材料中断之急，那么缺货成本表现为紧急额外购入成本（紧急额外购入的开支会大于正常采购的开支）。缺货成本用 $TC_s$ 表示。

如果以 TC 来表示储备存货的总成本，它的计算公式表述为：

$$TC = TC_a + TC_c + TC_s = F_1 + \frac{D}{Q}K + DU + F_2 + \frac{Q}{2}K_c + TC_s$$

## 7.4.3　存货决策模型

存货的决策涉及四项内容：决定进货项目、选择供应单位、决定进货时间和决定进货批量。决定进货项目和选择供应单位是销售部门、采购部门和生产部门的职责。财务部门要做的是决定进货时间和决定进货批量（分别用 $T$ 和 $Q$ 表示）。按照存货管理的目的，需要通过合理的进货批量和进货时间，使存货的总成本最低，这个批量叫作经济订货量或经济批量。有了经济订货量，可以很容易地找出最适宜的进货时间。

与存货总成本有关的变量（即影响总成本的因素）很多，为了解决比较复杂的问题，有必要简化或舍弃一些变量，先研究解决简单的问题，然后再扩展到复杂的问题。这需要设立一些假设，在此基础上建立经济订货量的基本模型。

1. 经济订货量基本模型

经济订货量基本模型需要设立的假设条件是：

（1）企业能够及时补充存货，即需要订货时便可立即取得存货。

（2）能集中到货，而不是陆续入库。

（3）不允许缺货，即无缺货成本，TC 为零。这是因为良好的存货管理本来就不应该出现缺货成本。

（4）需求量稳定，并且能预测，即 $D$ 为已知常量。

（5）存货单价不变，即 $U$ 为已知常量。

（6）企业现金充足，不会因现金短缺而影响进货。

（7）所需存货市场供应充足，不会因买不到需要的存货而影响生产。

设立了上述假设后，存货总成本的公式可以简化为：

$$\mathrm{TC} = F_1 + \frac{D}{Q}K + DU + F_2 + K_c\frac{Q}{2}$$

当 $F_1$、$K$、$D$、$U$、$F_2$、$K_c$ 为常数量时，TC 的大小取决于 $Q$。为了求出 TC 的最小值，对其进行求导演算，可得出下列公式：

$$Q^* = \sqrt{\frac{2KD}{K_c}}$$

这一公式称为经济订货量基本模型，求出的每次订货批量，可使 TC 达到最小值。

这个基本模型还可以演变为其他形式：

每年最佳订货次数公式：

$$N^* = \frac{D}{Q^*} = \frac{D}{\sqrt{\frac{2KD}{K_c}}} = \sqrt{\frac{DK_c}{2K}}$$

与批量有关的存货总成本公式：

$$\mathrm{TC}(Q^*) = \frac{KD}{\sqrt{\frac{2KD}{K_c}}} + \frac{\sqrt{\frac{2KD}{K_c}}}{2} \times K_c = \sqrt{2KDK_c}$$

最佳订货周期公式：

$$t^* = \frac{1}{N^*} = \frac{1}{\sqrt{\frac{DK_c}{2K}}}$$

经济订货量占用资金：

$$I^* = \frac{Q^*}{2} \times U = \frac{\sqrt{\frac{2KD}{K_c}}}{2} \times U = \sqrt{\frac{DK}{2K_c}} \times U$$

**2. 基本模型的扩展**

经济订货量的基本模型是在前述各假设条件下建立的，但现实生活中能够满足这些假设条件的情况十分罕见。为使模型更接近于实际情况，具有较高的可用性，需逐一放宽假设，同时改进模型。

（1）订货提前期

一般情况下，企业的存货不能做到随用随时补充，因此不能等存货用光再去订货，而需要在没有用完时提前订货。在提前订货的情况下，企业再次发出订货单时，尚有存货的库存量，称为再订货点，用 $R$ 来表示。它的数量等于平均交货时间（$L$）和每日平均需用量（$d$）的乘积：$R=L\times d$。订货提前期如图 7-1 所示。

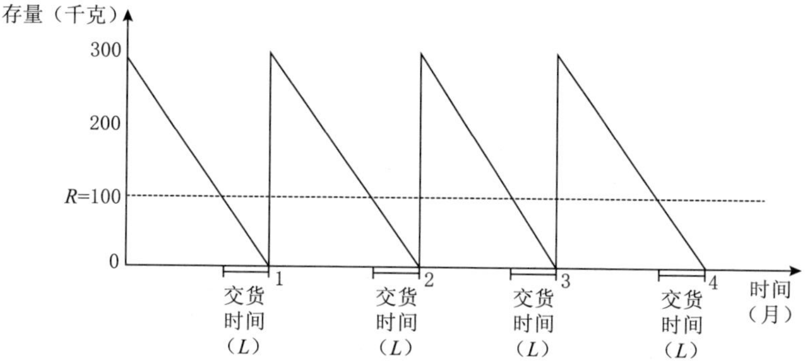


**图 7-1　订货提前期**

（2）存货陆续供应和使用

在建立基本模型时，是假设存货一次全部入库，故存货增加时存量变化为一条垂直的直线。事实上，各批存货可能陆续入库，使存量陆续增加。尤其是产成品入库和在产品转移，几乎总是陆续供应和陆续耗用的。在这种情况下，需要对图 7-1 基本模型作一些修改，如图 7-2 所示。

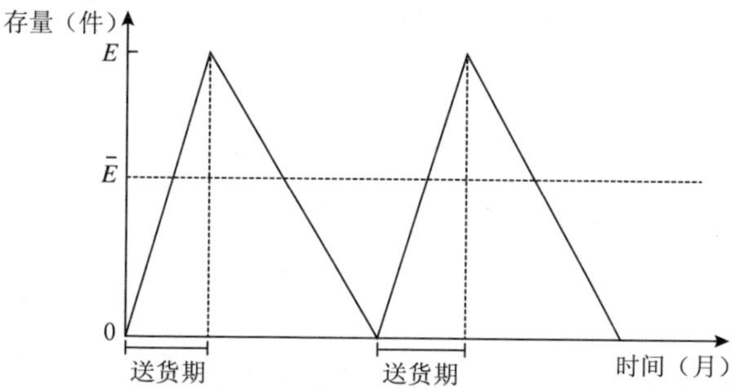


**图 7-2　陆续供货时存货数量的变动**

设每批订货数为 $Q$。由于每日送货量为 $P$，故该批货全部送达所需日数

为 $Q/P$，称之为送货期。

因零件每日耗用量为 $d$，故送货期内的全部耗用量为

$$\frac{Q}{P}\times d$$

由于零件边送边用，所以每批送完时，最高库存量为

$$Q-\frac{Q}{P}\times d$$

平均存量则为：

$$\frac{1}{2}\left(Q-\frac{Q}{P}\times d\right)$$

图 7-2 中的 $E$ 表示最高库存量，$\bar{E}$ 表示平均库存量。

这样，与批量有关的总成本为

$$\begin{aligned}\mathrm{TC}(Q)&=\frac{D}{Q}\times K+\frac{1}{2}\left(Q-\frac{Q}{P}\times d\right)\times K_c\\&=\frac{D}{Q}\times K+\frac{Q}{2}\left(1-\frac{d}{P}\right)\times K_c\end{aligned}$$

在订货变动成本与储存变动成本相等时，TC（$Q$）有最小值，故存货陆续供应和使用的经济订货量公式为：

$$\frac{D}{Q}\times K=\frac{Q}{2}\left(1-\frac{d}{P}\right)\times K_c$$

$$Q^*=\sqrt{\frac{2KD}{K_c}\times\frac{P}{P-d}}$$

将这一公式代入上述 TC（$Q$）公式，可得出存货陆续供应和使用的经济订货量总成本公式为：

$$\mathrm{TC}(Q^*)=\sqrt{2KDK_c\times\left(1-\frac{d}{P}\right)}$$

陆续供应和使用的经济订货量模型，还可以用于自制和外购的选择决策。自制零件属于边送边用的情况，单位成本可能较低，但每批零件投产的生产准备成本比一次外购订货的订货成本可能高出许多。外购零件的单位成本可能较高，但订货成本可能比较低。要在自制零件和外购零件之间作出选择，需要全面衡量它们各自的总成本，才能得出正确的结论。这时，

就可借用陆续供应或瞬时补充的模型。

（3）保险储备

以前讨论假定存货的供需稳定且确知，即每日需求量不变，交货时间也固定不变。实际上，每日需求量可能变化，交货时间也可能变化。按照某一订货批量（如经济订货批量）和再订货点发出订单后，如果需求增大或送货延迟，就会发生缺货或供货中断。为防止由此造成的损失，就需要多储备一些存货以备应急之需，这称为保险储备（安全存量）。这些存货在正常情况下不动用，只有当存货过量使用或送货延迟时才动用。存货的保险储备如图 7-3 所示。

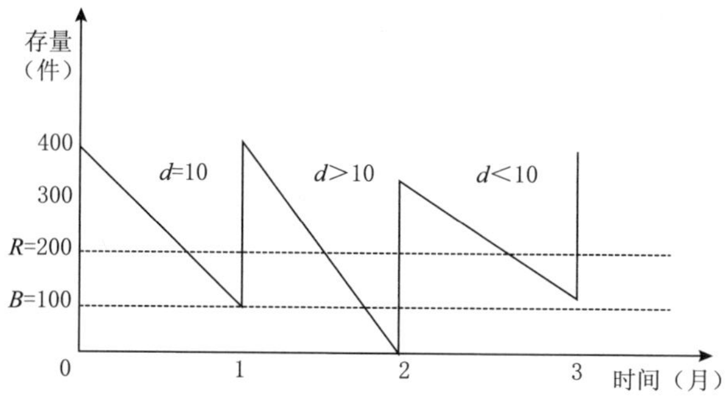


**图 7-3　存货的保险储备**

图 7-3 中，年需用量（$D$）为 3 600 件，已计算出经济订货量为 300 件，每年订货 12 次。又知全年平均日需求量（$d$）为 10 件，平均交货时间（$L$）为 10 天。为防止需求变化引起缺货损失，设保险储备量（$B$）为 100 件，再订货点 $R$ 由此而相应提高为：

$R$=平均交货时间×平均日需求+保险储备=$L\times d+B=10\times 10+100=200$（件）

在第一个订货周期里，$d=10$，不需要动用保险储备；在第二个订货周期内，$d>10$，需求量大于供货量，需要动用保险储备；在第三个订货周期内，$d<10$，不仅不需动用保险储备，正常储备亦未用完，下次存货即已送到。

建立保险储备，固然可以使企业避免缺货或供应中断造成的损失，但存货平均储备量加大却会使储备成本升高。研究保险储备的目的，就是要找出合理的保险储备量，使缺货或供应中断损失和储备成本之和最小。方法上可先计算出各不同保险储备量的总成本，然后再对总成本进行比较，选定其中最低的。

如果设与此有关的总成本为TC（$S$，$B$），缺货成本为$C_S$，保险储备成本为$C_B$，则：

$$TC(S, B)=C_S+C_B$$

设单位缺货成本为$K_U$，一次订货缺货量为$S$，年订货次数为$N$，保险储备量为$B$，单位储存变动成本为$K_c$，则：

$$C_S=K_U \cdot S \cdot N$$

$$C_B=B \cdot K_C$$

$$TC(S, B)=K_U \cdot S \cdot N+B \cdot K_C$$

现实中，缺货量$S$具有概率性，其概率可根据历史经验估计得出；保险储备量$B$可选择而定。

## 7.5 案例解析

**例7-1** 已知A企业尚有一定闲置设备台时，拟用于开发一种新产品，现有A、B两个品种可供选择。A品种的单价为100元，单位变动成本为60元，单位产品台时消耗定额为2小时，此外，还需消耗甲材料，其单耗定额为5千克；B品种的单价为120元，单位变动成本为40元，单位产品台时消耗定额为8小时，甲材料的单耗定额为2千克。假定甲材料的供应不成问题。

要求：用单位资源边际贡献分析法作出开发哪种品种的决策，并说明理由。

解：开发A品种时可获得的单位资源边际贡献=(100−60)÷2=20（元/时）

开发B品种时可获得的单位资源边际贡献=(120−40)÷8=10（元/时）

因为20＞10，所以开发A品种比开发B品种更有利。

决策结论：应当开发A品种。

**例7-2** 已知B企业常年生产需用的某部件以前一直从市场上采购。采购量在5 000件以下时，单价为8元；达到或超过5 000件时，单价为7元。如果追加投入12 000元专属成本，就可以自行制造该部件，预计单位变动成本为5元。

要求：用成本无差别点法为企业作出自制或外购A零件的决策，并说明理由。

解：

（1）$X<5\ 000$ 件：

假设自制的固定成本为 $a_1$=12 000 元，单位变动成本为 $b_1$=5 元

外购的固定成本为 $a_2$=0 元，单位变动成本为 $b_2$=8 元

因为 $a_1>a_2$，$b_1<b_2$，所以符合应用成本无差别点法进行决策的条件。

成本无差别点业务量 =（12 000−0）÷（8−5）=4 000（件）

当 $X<4\ 000$ 件，应外购；当 4 000 件 $\leqslant X<5\ 000$ 件，应自制。

（2）$X\geqslant 5\ 000$ 件：

假设自制的固定成本为 $a_1$=12 000 元，单位变动成本为 $b_1$=5 元

外购的固定成本为 $a_2$=0 元，单位变动成本为 $b_2$=7 元

因为 $a_1>a_2$，$b_1<b_2$，所以符合应用成本无差别点法进行决策的条件。

成本无差别点业务量 =（12 000−0）÷（7−5）=6 000（件）

当 5 000 件 $\leqslant X<6\ 000$ 件，应外购；当 $X\geqslant 6\ 000$ 件，应自制。

**例 7-3**　C 公司生产甲、乙、丙三种产品，其中丙产品是亏损产品，有关资料如表 7-1 所示。

**表 7-1　C 公司生产产品情况**　　单位：元

| 项目 | 甲产品 | 乙产品 | 丙产品 | 合计 |
|---|---|---|---|---|
| 销售收入 | 30 000 | 20 000 | 25 000 | 75 000 |
| 减：变动成本 | 21 000 | 10 000 | 20 000 | 51 000 |
| 边际贡献 | 9 000 | 10 000 | 5 000 | 24 000 |
| 减：固定成本 | 7 200 | 4 800 | 6 000 | 18 000 |
| 利润 | 1 800 | 5 200 | −1 000 | 6 000 |
| 固定成本 | 18 000 | 18 000 | 18 000 | 18 000 |

*固定成本按销售收入比例分摊。

要求：就以下不同情况进行决策。

（1）亏损产品停产后，闲置的能力不能用于其他方面，丙产品应否停产？

（2）如果亏损产品停产后，闲置的生产能力可用于对外出租，预计全年可获得租金收入 10 000 元，丙产品应否停产？

解析：

（1）按照通常理解，亏损产品是企业的负担，有亏损就应停产，利润就会上升。这种观点是不正确的。因为固定成本不会因亏损产品的生产停止而

改变，只能转由其他产品负担，在这种情况下，利润不仅不能增加，反而会减少，如表 7-2 所示。

**表 7-2　停产后利润总额分析表**　　单位：元

| 项目 | 甲产品 | 乙产品 | 合计 |
|---|---|---|---|
| 销售收入 | 30 000 | 20 000 | 50 000 |
| 减：变动成本 | 21 000 | 10 000 | 31 000 |
| 边际贡献 | 9 000 | 10 000 | 19 000 |
| 减：固定成本 | 10 800 | 7 200 | 18 000 |
| 利润 | −1 800 | 2 800 | 1 000 |

如果亏损产品停产后，闲置的能力不能用于其他，如对外出租等，在这种情况下，丙产品负担的固定成本无论是否停产都将发生，因此视其为沉没成本，决策中不予考虑，这样相关成本只有变动成本，生产丙产品将获得边际贡献 5 000 元；否则停产，边际贡献将变为零，因此应继续生产该亏损产品，这样该公司的利润将维持原有的水平 6 000 元，否则亏损产品一旦停产，利润将下降到 1 000 元。

由此可见，在亏损产品闲置的能力无法转移的条件下，只要亏损产品能够提供大于零的边际贡献，就不应停止亏损产品的生产；相反，如果有条件，还应扩大亏损产品的生产，这样才能使企业的利润增加。

（2）年租金 10 000 元可以视为继续生产亏损产品的机会成本（也可以视为停产的收入），决策中必须考虑。利用差量损益分析法进行决策，如表 7-3 所示。

可见，亏损产品应停产并将其闲置的能力对外出租，这样可多获利 5 000 元。

**表 7-3　差量损益分析表**　　单位：元

| 项目 | 继续生产 | 停止生产 | 差异额 |
|---|---|---|---|
| 相关收入 | 25 000 | 0 | 25 000 |
| 相关成本 | 30 000 | 0 | 30 000 |
| 其中：变动成本 | 20 000 | 0 | 20 000 |
| 机会成本 | 10 000 | 0 | 10 000 |
| 差量损益 | | | −5 000 |

**例 7-4**　已知 D 企业只生产一种产品，全年最大生产能力为 1 200 件。年初已按 100 元 / 件的价格接受正常任务 1 000 件，该产品的单位完全生产成本

为 80 元（其中，单位固定生产成本为 25 元）。现有一客户要求以 70 元的价格追加订货。

要求：请考虑以下相关情况，用差别损益分析法为企业作出是否接受低价追加订货的决策，并说明理由。

（1）剩余能力无法转移，追加订货量为 200 件，不追加专属成本；

（2）剩余能力无法转移，追加订货量为 200 件，但因有特殊要求，企业需追加 1 000 元专属成本；

（3）同（1），但剩余能力可用于对外出租，可获租金收入 5 000 元；

（4）剩余能力无法转移，追加订货量为 300 件；因有特殊要求，企业需追加 900 元专属成本。

解析：

（1）绝对剩余生产能力 =1 200−1 000=200（件），追加订货不冲击正常任务。差量损益分析如表 7-4 所示。

**表 7-4　差量损益分析表**　　单位：元

| 项目 | 接受追加订货 | 拒绝追加订货 | 差异额 |
|---|---|---|---|
| 相关收入 | 14 000 | 0 | 14 000 |
| 相关成本 | 11 000 | 0 | 11 000 |
| 其中：增量成本 | 11 000 | 0 | |
| 差量损益 | | | 3 000 |

因为差量损益指标为 3 000 元，所以应当接受此项追加订货，这可使企业多获得 3 000 元利润。

（2）剩余能力无法转移，追加订货量为 200 件，但因有特殊要求，企业需追加 1 000 元专属成本，如表 7-5 所示。

**表 7-5　差量损益分析表**　　单位：元

| 项目 | 接受追加订货 | 拒绝追加订货 | 差异额 |
|---|---|---|---|
| 相关收入 | 14 000 | 0 | 14 000 |
| 相关成本 | 12 000 | 0 | 12 000 |
| 其中：增量成本 | 11 000 | 0 | |
| 专属成本 | 1 000 | 0 | |
| 差量损益 | | | 2 000 |

因为差量损益指标为 2 000 元，所以应当接受此项追加订货，这可使企业多获得 2 000 元利润。

（3）差量损益分析如表 7-6 所示。

**表 7-6　差量损益分析表**

| 项　目 | 接受追加订货 | 拒绝追加订货 | 差异额 |
|---|---|---|---|
| 相关收入 | 14 000 | 0 | 14 000 |
| 相关成本 | 16 000 | 0 | 16 000 |
| 其中：增量成本 | 11 000 | 0 | 11 000 |
| 机会成本 | 5 000 | 0 | 5 000 |
| 差量损益 | | | −2 000 |

因为差量损益指标为 −2 000 元，所以应当拒绝此项追加订货，将剩余能力对外出租，否则将使企业多损失 2 000 元利润。

（4）差量损益分析如表 7-7 所示。

**表 7-7　差量损益分析表**

| 项　目 | 接受追加订货 | 拒绝追加订货 | 差异额 |
|---|---|---|---|
| 相关收入 | 21 000 | 0 | 21 000 |
| 相关成本 | 21 900 | 0 | 21 900 |
| 其中：增量成本 | 11 000 | 0 | 11 000 |
| 机会成本 | 10 000 | 0 | 10 000 |
| 专属成本 | 900 | 0 | 900 |
| 差量损益 | | | −900 |

因为差量损益指标为 −900 元，所以应当拒绝此项追加订货，否则将使企业多损失 900 元利润。

**例 7-5**　已知 E 公司生产甲产品，甲产品产量为 500 件时的有关成本费用资料如下：直接材料 20 000 元，直接人工 11 000 元，变动性制造费用 12 000 元，固定性制造费用 10 000 元，销售及管理费用 1 800 元。已知该公司计划实现 30 000 元的目标利润。

要求：分别按完全成本法和变动成本法下的成本加成定价法确定目标售价。

解：（1）完全成本法：

成本毛利率 =（30 000+1 800）÷（20 000+11 000+12 000+10 000）×100%
=60%

目标售价 =53 000÷500×（1+60%）=169.6（元）

（2）变动成本法：

成本贡献率 =（30 000+10 000+1 800）÷（20 000+11 000+12 000）×100%
≈97.21%

目标售价 =43 000÷500×（1+97.21%）≈169.6（元）

**例 7-6**　已知 M 产品按每件 10 元的价格出售时，可获得 8 000 元边际贡献；边际贡献率为 20%，企业最大生产能力为 7 000 件。

要求：分别根据以下相关条件作出是否调价的决策。

（1）将价格调低为 9 元时，预计可实现销售 9 000 件；

（2）将价格调高为 12 元时，预计可实现销售 3 000 件。

解析：

单位变动成本 =10×（1−20%）=8（元 / 件）

（1）利润无差别点销量 =8 000÷（9−8）=8 000（件）

因为最大生产能力 7 000 件＜利润无差别点销量 8 000 件和预计销量 9 000 件，所以不应调价。

（2）利润无差别点销量 =8 000÷（12−8）=2 000（件）

因为最大生产能力 7 000 件＞预计销量 3 000 件＞利润无差别点销量 2 000 件，所以应当考虑调价。

**例 7-7**　F 企业每年耗用某种材料 3 600 千克，该材料单位成本为 10 元，单位存储成本为 2 元，一次订货成本为 25 元。则最佳订货量、每年最佳订货次数、与批量有关的存货总成本、最佳订货周期、经济订货量占用资金分别是多少？

解析：

$$Q^* = \sqrt{\frac{2KD}{K_c}} = \sqrt{\frac{2\times25\times3\,600}{2}} = 300\text{（千克）}$$

$$N^* = \frac{D}{Q^*} = \frac{3\,600}{300} = 12\text{（次）}$$

$$TC(Q^*) = \sqrt{2KDK_c} = \sqrt{2 \times 25 \times 3\,600 \times 2} = 600（元）$$

$$t^* = \frac{1}{N^*} = \frac{1}{12}（年）= 1（月）$$

$$I^* = \frac{Q^*}{2} \times U = \frac{300}{2} \times 10 = 1\,500（元）$$

**例 7-8** 某生产企业使用 A 零件，可以外购，也可以自制。如果外购，单价 4 元，一次订货成本 10 元；如果自制，单位成本 3 元，每次生产准备成本 600 元，每日产量 50 件。零件的全年需求量为 3 600 件，储存变动成本为零件价值的 20%，每日平均需求量为 10 件。

要求：分别计算零件外购和自制的总成本，以选择较优的方案。

解析：

（1）外购零件：

$$TC(Q^*) = \sqrt{2KDK_c} = \sqrt{2 \times 10 \times 3\,600 \times 4 \times 0.2} = 240（元）$$

$$TC = DU + TC(Q^*) = 3\,600 \times 4 + 240 = 14\,640（元）$$

（2）自制零件：

$$TC（Q^*）= \sqrt{2KDK_c \times \left(1 - \frac{d}{P}\right)}$$

$$= \sqrt{2 \times 600 \times 3\,600 \times 3 \times 0.2 \times \left(1 - \frac{10}{50}\right)} = 1\,440（元）$$

$$TC = DU + TC(Q^*) = 3\,600 \times 3 + 1\,440 = 12\,240（元）$$

由于自制的总成本 12 240 元低于外购的总成本 14 640 元，故以自制为宜。

**例 7-9** 假定某存货的年需要量 $D$=3 600 件，单位储存变动成本 $K_C$=2 元，单位缺货成本 $K_U$=4 元，平均交货时间 $L$=10 天；已经计算出经济订货量 $Q$=300 件，每年订货次数 $N$=12 次。交货期内的存货需要量及其概率分布如表 7-8 所示。

表 7-8　某种存货交货期内的需要量及其概率分布表

| 需要量（10×d） | 70 | 80 | 90 | 100 | 110 | 120 | 130 |
|---|---|---|---|---|---|---|---|
| 概率（P） | 0.01 | 0.04 | 0.20 | 0.50 | 0.20 | 0.04 | 0.01 |

先计算不同保险储备的总成本：

（1）不设置保险储备量。

即令 $B$=0，且以 100 件为再订货点。此种情况下，当需求量为 100 件或小于 100 件时，不会发生缺货，其概率为 0.75（0.01+0.04+0.20+0.50）；当需求量为 110 件时，缺货 10 件（110−100），其概率为 0.20；当需求量为 120 件时，缺货 20 件（120−100），其概率为 0.04；当需求量为 130 件时，缺货 30 件（130−100），其概率为 0.01。因此，$B$=0 时缺货的期望值 $S_0$、总成本 TC（$S$，$B$）可计算如下：

$S_0$=（110−100）×0.2+（120−100）×0.04+（130−100）×0.01

=3.1（件）

TC（$S$，$B$）=$K_U \times S_0 \times N + B \times K_c$

=4×3.1×12+0×2

=148.8（元）

（2）保险储备量为 10 件。

即 $B$=10 件，以 110 件为再订货点。此种情况下，当需求量为 110 件或小于 110 件时，不会发生缺货，其概率为 0.95（0.01+0.04+0.20+0.50+0.20）；当需求量为 120 件时，缺货 10 件（120−110），其概率为 0.04；当需求量为 130 件时，缺货 20 件（130−110），其概率为 0.01。因此，$B$=10 件时缺货的期望值 $S_{10}$、总成本 TC（$S$，$B$）可计算如下：

$S_{10}$=（120−110）×0.04+（130−110）×0.01=0.6（件）

TC（$S$，$B$）=$K_U \times S_{10} \times N + B \times K_c$

=4×0.6×12+10×2

=48.8（元）

（3）保险储备量为 20 件。同样运用以上方法，可计算 $S_{20}$、TC($S$，$B$) 为：

$S_{20}$=（130−120）×0.01=0.1（件）

TC（$S$，$B$）=4×0.1×12+20×2=44.8（元）

（4）保险储备量为 30 件。

即 $B$=30 件，以 130 件为再订货点。此种情况下可满足最大需求，不会发生缺货，因此：

$S_{30}=0$

TC（$S$，$B$）=4×0×12+30×2=60（元）

然后，比较上述不同保险储备量的总成本，以其低者为最佳。

当 $B$=20 件时，总成本为 44.8 元，是各总成本中最低的。故应确定保险储备量为 20 件，或者说应确定以 120 件为再订货点。

# 第8章　绩效管理与评价——赏罚若明，四方可行

导入案例

华为技术有限公司是一家生产销售电信设备的员工持股民营科技公司。华为技术有限公司在 1987 年成立于中国深圳。华为技术有限公司的主要营业范围是交换、传输无线和数据通信类电信产品，在电信领域为世界各地的客户提供网络设备、服务和解决方案。

从某种意义上说，华为技术有限公司的成功源于其采用“2W1H”绩效管理系统。

（一）WHY——华为技术有限公司的绩效管理目的

绩效作为组织和个人的成果与价值体现，代表了组织活动和个体活动的全部意义，绩效的重要性不言而喻。华为技术有限公司总裁任正非一再强调要创造高绩效的企业文化，将绩效文化视为企业生存之本、发展之源，并将此上升为战略高度加以实施。用一句话来概括，华为技术有限公司绩效管理的目的就是将公司的目标使命化，华为技术有限公司的成功取决于每位员工在多大程度上实现自己的工作目标。

华为技术有限公司的绩效管理不是把绩效管理仅仅当作一种增压奖惩的依据，而是立足于公司，在公司内部营造竞争的氛围，使员工优胜劣汰的过程更合理。绩效管理的根本目的不是为了减员，而是为了通过绩效管理把员工放在适合的岗位上，保证每个员工的能力大都能够实现绩效目标，然后通过个人绩效目标的实现来完成公司的总体战略目标。例如，华为技术有限公司的绩效管理规定对“不胜任工作的员工，应该安排培训以促使其改善绩效，或者调整岗位。如果培训或者换岗后仍不能胜任，才考虑淘汰问题”。华为技术有限公司的绩效管理通过以责任、员工能力、贡献为核心的绩效标准及相应的评价手段和价值分配机制将

公司目标和利益捆绑在一起，从而将公司的目标内化为员工个人的使命和责任。

（二）WHAT——华为技术有限公司的绩效管理考什么

华为技术有限公司绩效考核机制包括：（1）责任结果导向、关键事件个人行为的结果评价考核；（2）基于公司战略分层分级述职，即个人绩效承诺与期望绩效的完成程度；（3）基于各级职位按任职资格标准考核员工实际能力是否达到任职要求。在绩效评价过程中，业务部门有评价权，人力资源部门有建议权，主管有审核权，三权共同协调配合，为绩效管理保驾护航。

此外，华为技术有限公司还明确加强对员工的思想道德品质的考核，以及对员工的诚信进行记录。注重对员工责任心、使命感、团队精神、工作能力和思想道德品质的评议。在绩效考核过程中，全面推行团队测评体系。团队测评的核心理念是：员工不仅要关注个人绩效，还要重视团队绩效。

总之，华为技术有限公司通过强调责任、使命和能力的综合平衡，使每个充分认同华为技术有限公司核心价值观的员工都能找到适合自己的职业定位和发展通道。

（三）HOW——华为技术有限公司的绩效管理怎么管

人力资源部门负责招聘工作的孙某拿到了自己的主要考核指标：（1）满足公司某研发部门新产品研发人手不足的需求；（2）完成人力资源管理工作；（3）完成对某销售部门新进员工的入职培训。由此可见，华为技术有限公司从不同角度为孙某设置考核指标。第一个指标从公司目标的角度自上而下分解，支撑公司战略。第二个指标基于岗位职责，职能部门岗位工作的主要特点是与战略结合不是非常紧密，但每个岗位都“有其用武之地”。这些“用武之地”就可以作为一个关键指标来考核。第三个指标基于流程或顾客，职能部门必须保证生产销售部门的服务质量，与这些业务部门组成完整的流程，如果某部门提供的服务质量没有跟上，可能就会造成业务部门的滞后。从孙某的考核指标还可以看到，工作内容越来越强调用数字说明工作的完成情况，即努力量化业务指标。例如，在孙某的工作计划书中，“招聘成功率”和“新聘员工的离职率”代替了原来的“是否招到人”的考核条目。

考评结果一方面纳入升迁和薪酬依据；另一方面作为绩效改进的内容之一。如果调查发现绩效考评后期望目标和绩效实际存在落差而没有员工后期的绩效沟通，将给予该部门主管红牌警告。这说明华为技术有限公司也充分认识到，“金无足赤，人无完人”，绩效结果不好可能存在各种原因，要给予员工更多的机会，通过持续改善，最终希望其将劣势转化为胜势。

然而这种做法的前提是员工能够清晰地认识到自己的问题所在。这也是华为技术有限公司绩效管理最重要的目的之一。

## 8.1　关键绩效指标法

### 8.1.1　关键绩效指标法的含义

关键绩效指标法，是指基于企业战略目标，通过建立关键绩效指标（Key Performance Indicator，简称 KPI）体系，将价值创造活动与战略规划目标有效联系，并据此进行绩效管理的方法。关键绩效指标是对企业绩效产生关键影响力的指标，是通过对企业战略目标、关键成果领域的绩效特征分析，识别和提炼出的最能有效驱动企业价值创造的指标。

关键绩效指标法可单独使用，也可与经济增加值法、平衡计分卡等其他方法结合使用。关键绩效指标法的应用对象可为企业、所属单位（部门）和员工。

### 8.1.2　制订以关键绩效指标为核心的绩效计划

企业应用关键绩效指标法，一般也按照制订绩效计划与激励计划、执行绩效计划与激励计划、实施绩效评价与激励、编制绩效评价与激励管理报告等程序进行。但最为关键的是制订以关键绩效指标为核心的绩效计划。

#### 1. 构建关键绩效指标体系的业务流程

企业构建关键绩效指标体系，一般按照以下程序进行：

（1）制订企业级关键绩效指标。企业应根据战略目标，结合价值创造模式，综合考虑内外部环境等因素，设定企业级关键绩效指标。

（2）制订所属单位（部门）级关键绩效指标。根据企业级关键绩效指标，结合所属单位（部门）关键业务流程，按照上下结合、分级编制、逐级分解的程序，在沟通反馈的基础上，设定所属单位（部门）级关键绩效指标。

（3）制订岗位（员工）级关键绩效指标。根据所属单位（部门）级关键绩效指标，结合员工岗位职责和关键工作价值贡献，设定岗位（员工）级关键绩效指标。

2. 关键绩效指标的分类

企业的关键绩效指标一般可分为结果类和动因类两类指标。结果类指标是反映企业绩效的价值指标，主要包括投资回报率、净资产收益率、经济增加值、息税前利润、自由现金流等综合指标；动因类指标是反映企业价值关键驱动因素的指标，主要包括资本性支出、单位生产成本、产量、销量、客户满意度、员工满意度等。

关键绩效指标应含义明确、可度量、与战略目标高度相关。指标的数量不宜过多，每一层级的关键绩效指标一般不超过 10 个。

（1）总资产报酬率

总资产报酬率是企业的息税前利润同平均资产总额的比率，是反映企业资产综合利用效果的指标，也是衡量企业总资产获利能力的重要指标。其计算公式为

$$总资产报酬率=\frac{息税前利润}{平均资产总额}\times 100\%\ 或\ \frac{净利润}{平均资产总额}\times 100\%$$

（2）长期资本报酬率

长期资本报酬率也称长期资本收益率，是收益总额与长期资本平均占用额之比，反映企业投入长期资本的获利能力。其中长期资本是企业长期负债和所有者权益之和，而收益总额是指利润总额。其计算公式为

$$长期资本报酬率=（利润总额\div 长期资本占用额）\times 100\%$$

$$长期资本占用额=平均流动负债+平均所有者权益$$

$$=（期初非流动负债+期末非流动负债）\div 2+（期初所有者权益+期末所有者权）\div 2$$

①长期资本报酬率反映的是每单位长期资本能够获得多少盈利。该指标从长期资金的提供者——长期债权人和所有者的角度来分析其投资报酬率。显然，要提高长期资本报酬率，一方面要增强企业的获利能力，另一方面

要尽可能减少对长期资本的占用。

②在利用长期资本报酬率衡量企业的获利能力时，不能仅分析企业某一个会计年度的长期资本报酬率，还应当结合趋势分析和同业比较分析，这样才能有助于得出相对准确的分析结论。

③长期资本报酬率与总资产报酬率相比，通常该比率较低，而长期资本报酬率衡量长期资金提供者的收益，由于短期资金的收益相对较低，所以该比率要高于总资产报酬率。

（3）净资产收益率

净资产收益率（ROE）亦称净资产报酬率、股本报酬率、净值报酬率。该指标是企业一定时期内净利润与平均净资产（所有者权益）之比，反映了企业所有者所获投资报酬的大小。其计算公式为

$$净资产收益率=\frac{净利润}{平均净资产总额}\times 100\%$$

上式中净利润为企业税后净利润，平均净资产总额为企业期初净资产总额与期末净资产总额的平均数。

需要说明的是，对于股份公司来说，净资产收益率通常是指普通股东权益报酬率。如果公司股份中有优先股，应将这部分内容剔除。财务制度规定，优先股股利在企业提取任意盈余公积和支付普通股股利之前支付，而且无论公司的收益如何，优先股的股利一般是固定不变的。因此，可以说普通股股东才是公司资产的真正所有者和风险的主要承担者，所以这时候的净资产收益率的计算公式为

$$净资产收益率=\frac{净利润-优先股股利}{平均资产总额-平均优先股股东权益}\times 100\%$$

对于净资产收益率的分析要注意以下两点：

第一，净资产收益率立足于所有者权益的角度来考核企业获利能力和投资回报能力，因而它是最受所有者关注的，对企业具有重大影响的指标。一般来说，净资产收益率越高，企业净资产的使用效率就越高，投资者的利益保障程度也就越大。

第二，报表使用者通过分析净资产报酬率指标，一方面可以判定企业的

投资效益，另一方面，可以了解企业管理水平的高低。同时对该指标的分析还是所有者考核其投入企业的资本保值增值程度的基本途径。在具体分析时，可以结合指标的时间趋势分析和行业或同业比较分析等方式进行。

3. 关键绩效指标选取的方法

关键绩效指标选取的方法主要有关键成果领域分析法、组织功能分解法和工作流程分解法。

（1）关键成果领域分析法，是基于对企业价值创造模式的分析，确定企业的关键成果领域，并在此基础上进一步识别关键成功要素，确定关键绩效指标的方法。

（2）组织功能分解法，是基于组织功能定位，按照各所属单位（部门）对企业总目标所承担的职责，逐级分解和确定关键绩效指标的方法。

（3）工作流程分解法，是按照工作流程各环节对企业价值贡献程度，识别出关键业务流程，将企业总目标层层分解至关键业务流程相关所属单位（部门）或岗位（员工），确定关键绩效指标的方法。

4. 关键绩效指标的权重分配

关键绩效指标的权重分配应以企业战略目标为导向，反映被评价对象对企业价值贡献或支持的程度，以及各指标之间的重要性水平。

单项关键绩效指标权重一般设定在 5% ~ 30%，对特别重要的指标可适当提高权重。对特别关键、影响企业整体价值的指标可设立“一票否决”制度，即如果某项关键绩效指标未完成，无论其他指标是否完成，均视为未完成绩效目标。

5. 确定关键绩效指标目标值

企业确定关键绩效指标目标值，一般参考以下标准：

（1）依据国家有关部门或权威机构发布的行业标准或参考竞争对手标准。

（2）参照企业内部标准，包括企业战略目标、年度生产经营计划目标、年度预算目标、历年指标水平等。

（3）不能按前两项方法确定的，可根据企业历史经验值确定。

关键绩效指标的目标值确定后，应规定因内外部环境发生重大变化、自然灾害等不可抗力因素对绩效完成结果产生重大影响时，对目标值进行调整的办法和程序。一般情况下，由被评价对象或评价主体测算确定影响额度，向相应的绩效管理工作机构提出调整申请，报薪酬与考核委员会或类似机构审批。

### 8.1.3　关键绩效指标法的优缺点

1. 关键绩效指标法的优点

（1）使企业业绩评价与战略目标密切相关，有利于战略目标的实现。

（2）是通过识别价值创造指标把握关键价值驱动因素，能够更有效地实现企业价值增值目标。

（3）评价指标数量相对较少，易于理解和使用，实施成本相对较低，有利于推广实施。

2. 关键绩效指标法的缺点

关键绩效指标的选取需要透彻理解企业价值创造模式和战略目标，有效识别核心业务流程和关键价值驱动因素，指标体系设计不当将导致错误的价值导向或管理缺失。

## 8.2　经济增加值法

### 8.2.1　经济增加值法的含义

经济增加值法，是指以经济增加值（Economic Value Added，EVA）为核心，建立绩效指标体系，引导企业注重价值创造，并据此进行绩效管理的方法。

经济增加值，是指税后净营业利润扣除全部投入资本成本后的剩余收益。经济增加值及改善值是全面评价经营者有效使用资本和为企业创造价值的重要指标。经济增加值为正，表明经营者在为企业创造价值；经济增加值为负，表明经营者在降低企业价值。

经济增加值法较少单独应用，一般与关键绩效指标法、平衡计分卡等其他方法结合使用。企业应用经济增加值法进行绩效管理的对象，可为企业及其所属单位（部门）（可单独计算经济增加值）和高级管理人员。

## 8.2.2 经济增加值法的应用程序

企业应用经济增加值法，一般按照制订以经济增加值指标为核心的绩效计划，制订激励计划、执行绩效计划与激励计划、实施绩效评价与激励、编制绩效评价与激励管理报告等程序进行。

### 1. 制订以经济增加值指标为核心的绩效计划

绩效计划是企业开展业绩评价工作的行动方案，包括构建指标体系、分配指标权重、确定业绩绩效目标值、选择计分方法和评价周期、拟定业绩绩效责任书等。

（1）构建指标体系

构建经济增加值指标体系，一般按照以下程序进行：

①制订企业级经济增加值指标体系。首先应结合行业竞争优势、组织结构、业务特点、会计政策等情况，确定企业级经济增加值指标的计算公式、调整项目、资本成本等，并围绕经济增加值的关键驱动因素，制订企业的经济增加值指标体系。

②制订所属单位（部门）级经济增加值指标体系。根据企业级经济增加值指标体系，结合所属单位（部门）所处行业、业务特点、资产规模等因素，在充分沟通的基础上，设定所属单位（部门）级经济增加值指标的计算公式、调整项目、资本成本等，并围绕所属单位（部门）级经济增加值的关键驱动因素，细化制订所属单位（部门）的经济增加值指标体系。

（2）制订高级管理人员的经济增加值指标体系。根据企业级、所属单位（部门）级经济增加值指标体系，结合高级管理人员的岗位职责，制订高级管理人员的经济增加值指标体系。

### 2. 经济增加值法的计算

经济增加值法的计算公式为：

经济增加值=税后净营业利润−平均资本占用×加权平均资本成本

式中：税后净营业利润衡量的是企业的经营盈利情况，平均资本占用反映的是企业持续投入的各种债务资本和股权资本，加权平均资本成本反映的是企业各种资本的平均成本率。

计算经济增加值时，需要进行相应的会计项目调整，以消除财务报表中不能准确反映企业价值创造的部分。会计调整项目的选择应遵循价值导向性、重要性、可控性、可操作性与行业可比性等原则，根据企业实际情况确定。

平均资本占用是所有投资者投入企业经营的全部资本，包括债务资本和股权资本。其中，债务资本包括融资活动产生的各类有息负债，不包括经营活动产生的无息流动负债。股权资本中包含少数股东权益。资本占用除根据经济业务实质相应调整资产减值损失、递延所得税等，还可根据管理需要调整研发支出、在建工程等项目，引导企业注重长期价值创造。

加权平均资本成本是债务资本成本和股权资本成本的加权平均，求的必要报酬率。加权平均资本成本的计算公式如下：

$$K_{\text{wacc}} = K_{\text{D}} \frac{\text{DC}}{\text{TC}}(1-T) + K_{\text{s}} \frac{\text{EC}}{\text{TC}}$$

式中：TC 代表资本占用，EC 代表股权资本，DC 代表债务资本，$T$ 代表所得税税率，$K_{\text{wacc}}$ 代表加权平均资本成本，$K_{\text{D}}$ 代表债务资本成本，$K_{\text{s}}$ 代表股权资本成本。

债务资本成本是企业实际支付给债权人的税前利率，反映的是企业在资本市场中债务融资的成本率。如果企业存在不同利率的融资来源，债务资本成本应使用加权平均值。

股权资本成本是在不同风险下，所有者对投资者要求的最低回报率。通常根据资本资产定价模型确定，计算公式为：

$$K_{\text{S}} = R_{\text{f}} + \beta(R_{\text{m}} - R_{\text{f}})$$

式中：$R_{\text{f}}$ 为无风险收益率，$R_{\text{m}}$ 为市场预期回报率，$R_{\text{m}}-R_{\text{f}}$ 为市场风险溢价。$\beta$ 是企业股票相对于整个市场的风险指数。上市企业的 $\beta$ 值，可采用回归分析法或单独使用最小二乘法等方法测算确定，也可以直接采用证券机构等提供或发布的 $\beta$ 值；非上市企业的 $\beta$ 值，可采用类比法，参考同类上市企业的 $\beta$ 值确定。

企业级加权平均资本成本确定后，应结合行业情况、所属单位（部门）的不同特点，通过计算（能单独计算的）或指定（不能单独计算的）的方式确定所属单位（部门）的资本成本。通常情况下，企业对所属单位（部门）所投入资本即股权资本的成本率是相同的，为简化资本成本的计算，所属单位（部门）的加权平均资本成本一般与企业保持一致。

根据 EVA 的创造者斯图尔特咨询公司的研究，要精确计算经济增加值要进行的调整多达 120 多项。然而，在实际应用中，并不是每个企业都要进行所有这些调整。大多数企业只需作出 15 项左右的调整就可以满足要求了。决定一个项目是否进行调整，首先最重要的一个原则是：该项调整是否“举足轻重”，是否是实质性的，是否对管理行为有影响。这里的“举足轻重”并不是依据某个数据相对于企业资产或利润的比重大小而定，而是指有关数据对下层决策者来说是否重要，这样的会计调整是否影响股东财富，影响管理人的决策。如果一项调整不能影响决策，通常就不值得去做。大量实践表明，涉及 EVA 调整的不外乎有以下几类：①对稳健会计影响的调整；②对可能导致盈余管理项目的调整；③对非经营利得和损失的调整；④弥补指标计算本身固有缺陷的调整。主要调整项目如表 8-1 所示。

**表 8-1　EVA 计算主要调整项目**

| 调整项目 | 说明 |
|---|---|
| 利息支出 | 指企业财务报表中“财务费用”项下的“利息支出” |
| 研究开发费用调整项 | 指企业财务报表中“管理费用”项目下的“研究与开发费”和当期确认为无形资产的研究开发之和对于勘探费用投人费用较大的企业，经国资委认定后，将其成本费用情况表中的“勘探费用”视同研究开发费用调整项按照一定比例（原则上不超过 50%）予以加回 |
| 无息流动负债 | 指企业财务报表中“应付票据”“应付账款”“预收款项”“应交税费”“应付利息”“应付职工薪酬”“应付股利”“其他应收款”和“其他流动负债（不含其他带息流动负债）” |
| 在建工程 | 指企业财务报表中的符合业主规定的在建工程 |

### 3. 分配指标权重

经济增加值法指标体系通常包括经济增加值、经济增加值改善值、经济增加值回报率、资本周转率、产量、销量、单位生产成本等。应用经济增加值法建立的绩效评价体系，应赋予经济增加值指标较高的权重。

### 4. 确定业绩绩效目标值

经济增加值目标值根据经济增加值基准值（简称 EVA 基准值）和期望的经济增加值改善值（简称期望的△ EVA）确定。

EVA目标值=EVA基准值+期望的△EVA

企业在确定 EVA 基准值和期望的△ EVA 值时，要充分考虑企业规模、发展阶段、行业特点等因素。其中，EVA 基准值可参照上年实际完成值、上年实际完成值与目标值的平均值、近几年（比如前 3 年）实际完成值的平均值等确定。期望的△ EVA 值，根据企业战略目标、年度生产经营计划、年度预算安排、投资者期望等因素，结合价值创造能力改善等要求综合确定。

### 8.2.3　经济增加值法的优缺点

1. 经济增加值法的优点

（1）考虑了所有资本的成本，更真实地反映了企业的价值创造能力；

（2）实现了企业利益、经营者利益和员工利益的统一，激励经营者和所有员工为企业创造更多价值；

（3）能有效遏制企业盲目扩张规模以追求利润总量和增长率的倾向，引导企业注重长期价值创造。

2. 经济增加值法的缺点

（1）仅对企业当期或未来 1 ~ 3 年价值创造情况的衡量和预判，无法衡量企业长远发展战略的价值创造情况；

（2）计算主要基于财务指标，无法对企业的运营效率与效果进行综合评价；

（3）由于不同行业、不同发展阶段、不同规模等的企业，其会计调整项和加权平均资本成本各不相同，计算比较复杂，影响指标的可比性。

## 8.3　平衡计分卡法

### 8.3.1　平衡计分卡的含义

平衡计分卡，是指基于企业战略，从财务、客户、内部业务流程、学习与成长四个维度，将战略目标逐层分解转化为具体的、相互平衡的绩效指标体系，并据此进行绩效管理的方法。平衡计分卡通常与战略地图等其他工具结合使用。平衡计分卡适用于战略目标明确、管理制度比较完善、管理水平相对较高的企业。平衡计分卡的应用对象为企业、所属单位（部门）和员工。

1. 财务维度

平衡计分卡从财务、客户、内部流程、学习与成长四个维度对绩效进行分解，客户、内部业务流程、学习与成长三个维度是以财务维度为起始点和中心，可以说财务维度更是战略目标的最终体现，是企业股东最关心的维度，财务绩效指标也是股东最关注的，财务指标直接反映出企业的运营状况和股东的收益情况。

2. 客户维度

客户是企业赖以生存的根本，为了满足股东想获得令人鼓舞回报的愿望，需要关注利益相关者——客户，关注市场表现。企业战略的细分市场、客户维护和发展通过平衡计分卡的客户维度得以体现，客户维度的绩效指标包括客户满意度、新增客户率、客户保持率和市场占有率等。客户维度使企业找到目标客户并根据客户需求提供客户价值，从而为企业财务维度指标提供强有力的支持。

3. 内部业务流程维度

内部业务流程维度关注确定优化完整的内部流程价值链，这个价值链包括创新流程、经营流程、服务流程等。开端是创新流程，这个流程的目的在于确定市场。产品和服务是否满足客户需要，关键在于获得市场规模和客户偏好的有效信息，进而进入开发阶段，进行产品和服务的开发生产。经营流程是指企业接到客户订单到进行生产再到客户收到产品或服务。服务流程是内部流程的最后一环，可以从时间、质量和成本方面进行衡量。创新流程通过平衡计分卡融入到内部业务流程中，需要企业创造更新和差异化的产品及服务来提高企业竞争优势，从而使企业获得长远发展。

4. 学习与成长维度

学习与成长维度是指企业在制订战略中关于员工成长进步的关键部分，员工是企业经营成败的重要因素，是最能体现企业核心竞争力的重要参数。也是企业保持强劲发展势头的资本。学习与成长维度在平衡计分卡体系中承担基础性作用，其分为三方面：人力资本、信息资本和组织资本。人力资本衡量有三种指标：员工满意度、员工保持率、员工生产率。信息资本是企业战略发展所必须的，可以帮助员工改进业务流程，快速、及时、准确地得到产品和服务的信息。组织资本可以调动员工的工作积极性，使收入与业绩挂钩，改善员工关系等。

平衡计分卡框架如图 8-1 所示。

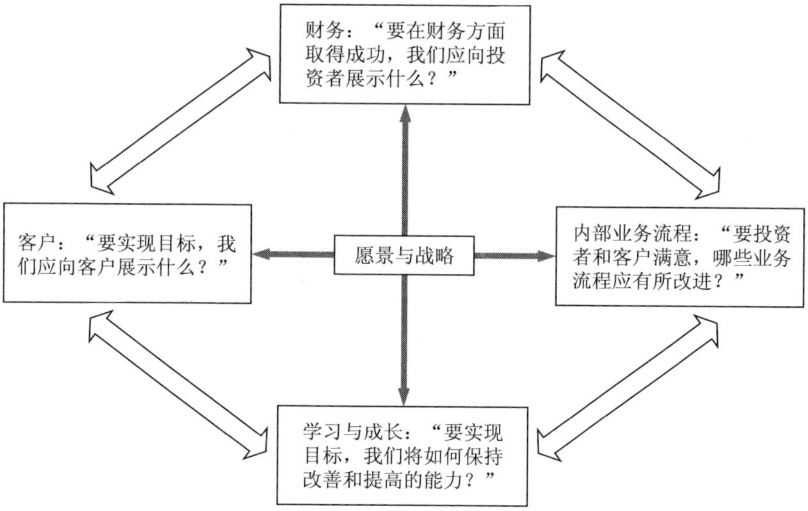


图 8-1　平衡计分卡框架

## 8.3.2　平衡计分卡的应用程序

企业应用平衡计分卡工具方法，一般按照制订战略地图、制订以平衡计分卡为核心的绩效计划、制订激励计划、制订战略性行动方案、执行绩效计划与激励计划、实施绩效评价与激励、编制绩效评价与激励管理报告等程序进行。

### 1. 制订战略地图

企业首先应制订战略地图，即基于企业愿景与战略，将战略目标及因果关系、价值创造路径以图示的形式直观、明确、清晰地呈现。战略地图基于战略主题构建，战略主题反映企业价值创造的关键业务流程，每个战略主题包括相互关联的 1 ~ 2 个目标。

### 2. 制订以平衡计分卡为核心的绩效计划

战略地图制定后，应以平衡计分卡为核心编制绩效计划。绩效计划是企业开展绩效评价工作的行动方案，包括构建指标体系、分配指标权重、确定绩效目标值、选择计分方法和评价周期、签订绩效责任书等一系列管理活动。制订绩效计划通常从企业级开始，层层分解到所属单位（部门），最终落实到具体岗位和员工。

（1）构建指标体系

平衡计分卡指标体系的构建应围绕战略地图，针对财务、客户、内部业务流程和学习与成长四个维度的战略目标，确定相应的评价指标。

构建平衡计分卡指标体系的一般程序：

①制订企业级指标体系。根据企业层面的战略地图，为每个战略主题的目标设定指标，每个目标至少应有1个指标。

②制订所属单位（部门）级指标体系。依据企业级战略地图和指标体系，制订所属单位（部门）的战略地图，确定相应的指标体系，协同各所属单位（部门）的行动与战略目标保持一致。

③制订岗位（员工）级指标体系。根据企业、所属单位（部门）级指标体系，按照岗位职责逐级形成岗位（员工）级指标体系。

构建平衡计分卡指标体系时，应注重短期目标与长期目标的平衡、财务指标与非财务指标的平衡、结果性指标与动因性指标的平衡、企业内部利益与外部利益的平衡。平衡计分卡每个维度的指标通常为4～7个，总数量一般不超过25个。

构建平衡计分卡指标体系时，企业应以财务维度为核心，其他维度的指标都与核心维度的一个或多个指标相联系。通过梳理核心维度指标的实现过程，确定每个维度的关键驱动因素，结合战略主题，选取关键绩效指标。

财务维度用财务术语描述了战略目标的有形成果。企业常用指标有：投资资本回报率、净资产收益率、经济增加值、息税前利润、自由现金流、资产负债率、总资产周转率等。

客户维度界定了目标客户的价值主张。企业常用指标有：市场份额、客户满意度、客户获得率、客户保持率、客户获利率、战略客户数量等。

内部业务流程维度确定了对战略目标产生影响的关键流程。企业常用指标有：交货及时率、生产负荷率、产品合格率、存货周转率、单位生产成本等。

学习与成长维度确定了对战略最重要的无形资产。企业常用指标有：员工保持率、员工生产率、培训计划完成率、员工满意度等。

企业可根据实际情况建立通用类指标库，不同层级单位和部门结合不同的战略定位、业务特点选择适合的指标体系。

（2）分配指标权重

平衡计分卡指标的权重分配应以战略目标为导向，反映被评价对象对企业战略目标贡献或支持的程度，以及各指标之间的重要性水平。

企业绩效指标权重一般设定在 5% ~ 30%，对特别重要的指标可适当提高权重。对特别关键、影响企业整体价值的指标可设立“一票否决”制度，即如果某项绩效指标未完成，无论其他指标是否完成，均视为未完成绩效目标。

（3）确定绩效目标值

平衡计分卡绩效目标值应根据战略地图的因果关系分别设置。首先确定战略主题的目标值；其次确定主题内的目标值；然后基于平衡计分卡评价指标与战略目标的对应关系，为每个评价指标设定目标值，通常设计 3 ~ 5 年的目标值。

平衡计分卡绩效目标值确定后，应规定因内外部环境发生重大变化、自然灾害等不可抗力因素对绩效完成结果产生重大影响时，对目标值进行调整的办法和程序。一般情况下，由被评价对象或评价主体测算确定影响程度，向相应的绩效管理工作机构提出调整申请，报薪酬与考核委员会或类似机构审批。

### 8.3.3　平衡计分卡的优缺点

#### 1. 平衡计分卡的优点

（1）战略目标逐层分解并转化为被评价对象的绩效指标和行动方案，使整个组织行动协调一致；

（2）从财务、客户、内部业务流程、学习与成长四个维度确定绩效指标，使绩效评价更为全面完整；

（3）将学习与成长作为一个维度，注重员工的发展要求和组织资本、信息资本等无形资产的开发利用，有利于增强企业可持续发展的动力。

#### 2. 平衡计分卡的缺点

（1）对专业技术要求高，工作量比较大，操作难度也较大，需要持续地沟通和反馈，实施比较复杂、成本高；

（2）各指标权重在不同层级及各层级不同指标之间的分配比较困难，且部分非财务指标的量化工作难以落实；

（3）系统性强、涉及面广，需要专业人员的指导、企业全员的参与和长期持续地修正与完善，对信息系统、管理能力有较高的要求。

## 8.4 案例解析

**例 8-1** 关键绩效指标法以甲公司为例，说明关键绩效指标法的具体应用。

甲公司下设 A、B 两个投资中心，该公司加权平均最低投资利润率为 9%。A 投资中心的投资额为 500 万元，利润为 25 万元；B 投资中心的投资额为 800 万元，利润为 120 万元。

现对两个中心追加投资，如果对 A 投资中心追加投资 200 万元，年利润增加了 17 万元；对 B 投资中心追加投资 400 万元，年利润增加了 57 万元。

要求：计算两个方案的投资报酬率和剩余收益。

解析：两个方案的投资报酬率和剩余收益计算过程如表 8-2 所示。

**表 8-2 两个方案的投资报酬率和剩余收益计算过程**

| 项目 | | 投资额（万元） | 利润（万元） | 投资报酬率 | 剩余收益（万元） |
|---|---|---|---|---|---|
| 未追加投资时 | A | 500 | 25 | 5% | 25−500 × 9%=−20 |
| | B | 800 | 120 | 15% | 120−800 × 9%=48 |
| | Σ | 1 300 | 145 | 11.15% | 145−1 300 × 9%=28 |
| 对A投资中心追加200万元 | A | 700 | 42 | 6% | 42−700 × 9%=−21 |
| | B | 800 | 120 | 15% | 120−800 × 9%=48 |
| | Σ | 1 500 | 162 | 10.80% | 162−1 500 × 9% =27 |
| 对B投资中心追加400万元 | A | 500 | 25 | 5% | 25−500 × 9%=−20 |
| | B | 1 200 | 177 | 14.75% | 177−1 200 × 9%=69 |
| | Σ | 1 700 | 202 | 11.88% | 202−1 700 × 9%=49 |

**例 8-2** 以 EVA 为核心的绩效评价以乙企业为例，说明以 EVA 为核心的绩效评价的具体应用。

2015 年乙企业集团进行对中高级管理者的财务培训。在预算管理的讨论中，集团财务总监提出，在现实中预算管理没法做，如资金预算就没法做，因为各个单位都在高报资金需求。以乙企业集团为例，其下属有 A、B、C 三家子公司，在预算会议上 A、B、C 公司提出的资金需求分别为 500 万元、800 万元和 1 500 万元。集团财务总监认为各子公司提出的资金需求有较大水分，而各子公司认为自己提出的资金需求是合理的，怎么解决这一问题呢？

正确的做法是考核 EVA。如果本行业的平均报酬率为 15%，各个子公司本年利润指标增加数分别为 75 万元（500×15%）、120 万元（800×15%）、225 万元（1 500×15%）。如果 A、B、C 三个子公司本年新增税后净营业利润分别为 75 万元、120 万元和 165 万元，则

A 公司 EVA=75−500×15%=0（元）

A 公司 EVA= 120−800×15%=0（元）

A 公司 EVA=165−1 500×15%=−60（万元）

A、B 公司考核合格，C 公司考核不合格。

**例 8-3** 平衡记分卡法以丙公司为例，说明平衡记分卡法的具体应用。

丙公司是在水下工程建筑业中处于全球领先地位的企业。20 世纪 80 年代，水下建筑行业竞争特别激烈，一些小企业退出了该行业，一些大的石油企业客户希望与自己的供货商发展长期的合作伙伴关系，而不根据价格选择供货商。企业制定了远景规划："我们应向顾客提供最高的安全保障，并在质量标准方面处于行业领先地位。"该远景规划分解为五个战略目标：超出顾客预期和需要的服务；高水平的顾客满意度；安全、设备可靠性、灵敏性和成本效率的不断提高；高质量雇员；实现股东预期。

丙公司又把远景规划和战略目标转化成平衡计分卡的四套绩效测评指标。

（1）财务。包含三个对股东很重要的指标。资本报酬率和现金流反映了对短期结果的偏好；预测可靠度表明了丙公司希望减少由于业绩的预期外波动面引起的历史不确定性。丙公司的管理层增加了两个财务指标：项目盈利性把项目作为计划和控制的基本单位，销售储备有助于减少绩效的不确定性。

（2）客户。丙公司希望能把两类客户区分开来：第一层客户是指想建立高附加值关系的石油企业：第二层客户是指那些根据价格选择供货商的客户。企业设立了价格指数，把关于竞争位置的可得信息综合起来，以确保当竞争加剧时能保住第二层客户的生意。丙公司还请某组织和客户对企业的顾客满意度进行调查分析，并统计企业市场份额。

（3）内部业务。为了构造出内部程序的测评指标，丙公司的经理人员界定了一个项目从启动（认识到客户的需要）到完成（客户的需要被满足）所经过的生命周期。对项目周期中的五个业务程序阶段都一一制定了测评指标。这五个业务阶段的测评指标分别是，所花费的与潜在的客户讨论新工作的小

时数，投标成功率，准备和交付项目的效率，安全指数、损失控制以及返工率，项目终止周期的长度。

（4）创新和学习。创新和学习的目的在于加速财务、客户和内部业务程序的改进。在丙公司这类改进除了来自于内部业务程序的不断改善外，还来自于会带来新的收入来源和市场扩展的产品和服务创新。为了同时促进产品/服务创新和业务改进，丙公司认为有必要为雇员创造一种充满激励气氛的环境。职员态度调查和雇员建议数量的统计指标，都可以用来衡量是否创造了这样一种氛围。

# 第9章 责任会计
## ——权责分明，奖惩合理

导入案例

海尔集团自其成立以来，一直进行跨越式的发展，其成功经验具有一定的借鉴意义。

从 2001 年底开始，海尔集团提出 SBU（战略业务单元）建设，同时创造性地提出了 SBU 损益表的操作思路，将海尔的国际化目标进一步分解落实到每人、每天、每个产品。SBU 将企业的一张财务报表转化为每个责任单位独自的财务报表，使全集团的员工人人都成为经营者，人人都成为具有创新精神的责任单位。每个员工都是主体，都能够自我增值。损益表提供每人每天的投入、费用、产出的信息，实现管理和考核确定到人，将集团整体的经营目标转化为每个具体责任单位的目标和工作动力，极大地调动了员工的工作积极性，在满足顾客需求的同时实现员工的自我价值。

责任精确到人的做法可以促使职工转变观念，发挥主动性和创造力，促进企业整体利益的实现。采购人员 A 原来只负责采购铁管，但现在作为一个责任单位，要对经营成果负责，即成为铁管的经营者。他现在不能只简单地考虑铁管的进价，还要综合运费、仓管费用和废品损耗等问题来考虑铁管的采购。SBU 通过对采购人员的所有费用支出和采购货品的使用进行监督和考核，通过 SBU 损益表计算该采购人员的薪酬，实现考核到位。

实行 SBU 以后，我们可以看到：海尔集团将原来分属于每个事业部的财务、采购、销售业务全部分离出来，合并为独立的责任单位，实行集团整体统一的营销、采购、结算，优化了管理资源和市场资源的配置，实现组织结构的扁平化，提高集团管理系统的效率。海尔集团现行的经营管理体制深入到每个人，划分到更加具体的责任单位，使绩效考核更加严密，更加有效。

从海尔集团的经营管理体制看出：首先，集团高层对SBU的实施有足够的重视，项目实施目标明确；其次，评估方法的选择结合了集团的实际；最后，科学的考核和激励措施促进员工的积极性，完善了以人为本的企业文化。由此可以看出，责任成本会计能很好地满足企业不断完善内部管理的需求，有利于保证企业内部管理安全、有效地运行，保障企业快速持续的发展。

# 9.1 责任会计概述

## 9.1.1 责任会计与分权管理模式

责任会计是指以企业内部建立的各级责任中心为主体，以责、权、效、利的协调统一为目标，利用责任预算为控制的依据，通过编制责任报告进行业绩考核评价的一种内部管理会计制度。

责任会计萌芽于20世纪初的泰勒制，其产生与分权管理模式的形成有密切的关系。为了管理纷繁复杂的事物，企业通常要在两种决策方法——集权式和分权式中做出选择。集权式决策方法是决策由最高层做出，低层管理人员仅仅负责决策的执行。分权式决策方法则允许低层管理人员在责任范围内制定并执行关键决策。分权管理就是指将决策权授予低层管理人员的管理方法。

在分权管理模式下，企业一定期间的总预算必须依靠各责任单位的努力才能实现。企业管理当局把全面预算进行分解，形成责任预算，并对责任预算的执行情况进行日常核算和控制，定期进行评价和考核。这种在企业内部以责任单位为主体进行的会计工作，就是管理会计的重要组成部分——责任会计。分权管理被广泛使用，是因为其具有以下优点。

### 1. 便于及时收集和利用当地的信息进行决策

决策的质量会受到可获信息质量的影响。随着企业在不同市场和地域的扩展，高层管理人员不可能及时了解具体的信息。在信息的获取方面，低层管理人员具有一定优势。因此，对低层管理人员授予一定的决策权有利于企业作出正确的经营决策。

2. 便于企业高层进行宏观管理

分权管理授予低层管理人员一定的决策权，企业的高级管理层得以从具体的事务中解脱，从而致力于宏观战略管理，提高企业的竞争力。

3. 有利于对管理人员进行培训和激励

在分权管理方式中，所有管理人员，无论是高层还是低层，都可以在其责任范围内进行决策，这就是一种培训方式。同时还有利于企业对管理人员进行考核，以及选拔后备管理人员来替补离职的高层管理人员。

此外，对管理人员授予决策权、责任范围，可以使管理人员工作更有成就感，激发其主动性和创造性，使其工作更加努力。

4. 增加管理人员的竞争压力

分权管理在赋予管理人员决策权的同时也规范了责任，同时对其决策进行考核。在这种情况下，企业对每个管理人员都有具体考核指标，增加了管理人员的竞争压力。

但是，企业采用分权管理的同时要注意：越是下放经营管理权，越要加强内部控制。而正是在这样的背景下，责任会计应运而生。

## 9.1.2　责任会计的基本内容

责任会计是以各个责任中心为主体，以责、权、效、利相统一的机制为基础而形成，为评价和控制企业经营活动的进程和效果服务的信息系统。其基本内容可分为责任会计制度的建立和实施两大部分。

1. 责任会计制度的建立

责任会计制度的建立是责任会计的基础，包括以下内容：

（1）划分责任中心，明确职责范围。根据企业自身经营管理和组织形式的实际需要，确定企业内部各单位、各部门的经济责任归属层次，划分若干既相互区别又相互联系的责任中心，并明确其职责范围。这里所说的责任中心是指企业内部负有特定管理责任的部门和单位，每个责任中心必须有十分明确由其控制的经济活动范围。按其所负责和控制范围的大小和类型，责任中心一般可分为成本中心、利润中心和投资中心。责任会计中的事前计划、事中核算和事后分析都是以责任中心为基础进行的。

（2）确定业绩评价方法。为了正确反映和监督责任履行情况，实现经济责任的制度化和数量化，必须建立一套完整的日常记录，报告有关责任预算执行情况的信息系统。主要包括以下五个方面：

①确定衡量责任中心目标的一般尺度，例如成本量、利润额等；

②确定目标尺度的解释方法；

③规定业绩尺度的计量方法，如成本分摊、内部转移定价等；

④选择预算或标准的确定方式，如固定预算或弹性预算等；

⑤确定报告的制度，包括报告的时间、内容及形式等。

（3）制定与业绩评价体系相关的奖惩制度。制定与业绩评价体系相关的奖惩制度是责任会计对责任人及部门的反馈，也是责任会计进行良好运作的保证。

2. 责任会计制度的实施

实施责任会计包括三个环节。

（1）编制责任预算，确定考核标准。把全面预算所确定的企业生产经营总目标，按责任中心进行层层分解、落实，并为各个责任中心编制具体的责任预算，作为今后控制该中心经济活动的根据，同时也是评价这个中心业绩的标准。通过确定责任预算利润考核标准，各责任中心有了明确的奋斗目标和行为标准，如为了正确评估各责任中心的工作业绩，对企业内部各责任中心之间相互提供产品或劳务的活动，必须由企业管理当局审慎地、合理地制定出适合本企业特点的内部转移价格，以便据此进行计价和核算。应注意的是，在责任预算的编制和责任目标的确定过程中，应充分考虑到各责任中心的特点和积极性。

（2）核算责任中心的工作执行情况。在日常核算过程中，应对各责任中心及责任人的劳动数量、质量、财产物资和经济往来等进行计量、记录，形成原始记录。原始记录既是计量结果的客观载体，又是责任中心生产经营活动过程的客观反映，是全面、及时、准确地反映责任中心业绩的基础，也是正确考核、评价责任中心的工作并实施奖惩的基本依据。还要建立完善的内部结算制度，及时、准确反映各责任中心之间的相互联系和责任关系。

（3）分析、评价和报告业绩。对预算执行情况建立一套跟踪考核系统，定期提交责任报告，对其实际执行情况与预算进行比较，分析差异，明确责任，并通过信息反馈控制和调节经营活动及实施奖惩。这个环节是责任会计制度的反馈工作。

### 9.1.3　责任会计的基本原则

责任会计作为社会化大生产和企业实行分权管理、推行内部经济责任制的产物，它的建立对于促进企业转变经营机制、增强企业活力、完善经济责任制等具有重要作用。建立责任会计制度，可因企业类型不同而有所区别。但对任何企业而言，要建立一套科学、完整、有效的责任会计系统，都必须遵循以下基本原则：

#### 1. 责、权、利相结合原则

责任会计制度持续良好的实施依赖于责任中心的责任与其权力和利益相结合。“责”是核心，“权”是为完成责任的前提条件，“利”是激励因素。即在责任会计系统中，不仅要求责、权、利有机结合，而且要求责、权、利保持对称关系。一方面，责任中心的权限大小应与其责任范围相匹配：权大于责，会导致权力滥用并损害其他部门或企业整体的利益；权小于责，又会使责任中心无力履行其职责，造成责任虚无化。另一方面，责任中心利益大小应与其责任范围相适应：利大于责，实际上就侵害了其他部门的利益，造成内部冲突；利小于责，又会挫伤责任中心履行责任的积极性。因此，责、权、利相结合的原则要求在责任会计系统中实现激励与约束机制的有机结合。

#### 2. 总体优化原则

总体优化原则，就是要求各责任中心目标与企业总体目标相一致。建立责任会计的目的是有效促进各个责任中心共同完成企业总体目标，但是在操作过程中会出现各个具体的责任中心之间利益的冲突。因此，在责任会计的设计及执行过程中必须遵循总体利益至上的原则。

#### 3. 可控性原则

可控性原则是指各责任中心只能对其可控制的因素负责，对其权力不及的、控制不了的经济活动，不承担责任。在考核中，应该将责任中心不能控制的因素排除，做到责任分明，奖惩合理。贯彻这一原则，就是在划分和确定责任中心的经济责任时，要根据责任中心对经济责任是否可控以及可控程度决定；同时应尽可能消除责任中心之间不可控因素的相互影响，避免出现因职责不明、相互混淆而产生相互推诿的情况。

4. 反馈性原则

反馈性原则是指要求各责任中心对其生产经营活动提供及时、准确的信息，提供信息的主要形式是编制责任报告。及时准确的责任报告，以及对责任报告的分析、评价信息对于年度责任预算的编制具有一定意义；及时适当的奖惩对企业总体目标的实现具有重要意义。良好的反馈功能，能更好地发挥责任会计的控制职能，进一步提高企业管理水平。反馈性原则的贯彻具体体现在两个方面：一方面要求企业最高管理当局及时向各责任中心反馈预算执行情况，帮助各责任中心掌握预算执行的进度、偏差等信息，促使责任中心采取必要的措施实现预算目标；另一方面要求各责任中心及时向上一级责任中心反馈信息，以利于协调和决策，并指导下属责任中心的工作。

5. 重要性原则

重要性原则，指要求各责任中心对其生产经营过程中发生的重点差异进行重点分析、控制。重要性原则有利于提高责任会计的效率。

## 9.2 责任中心的类型

根据企业内部责任单位权责范围及业务活动的特点不同，可将企业生产经营上的责任中心划分为成本中心、利润中心和投资中心三类。

### 9.2.1 成本中心

成本中心是指只对其成本或费用承担责任的责任中心，处于企业的基础责任层次。由于成本中心不会形成可以用货币计量的收入，因而不应当对收入、利润或投资负责。

成本中心的范围最广，一般来说，凡是企业内部有成本发生，需要对成本负责并能实施成本控制的单位，都可以成为成本中心。工业企业上至工厂一级，下至车间、工段、班组，甚至个人都有可能成为成本中心。总之，成本中心一般包括负责产品生产的生产部门、劳务提供部门及给予一定费用指标的管理部门。

成本中心的规模大小不一，各个较小的成本中心可以共同组成一个较大的成本中心，各个较大的成本中心又共同构成一个更大的成本中心，从而在企业内部形成一个逐级控制并层层负责的成本中心体系。规模大小不一和层次不同的成本中心，其控制和考核的内容也不相同。

## 9.2.2　利润中心

利润中心是指对利润负责的责任中心。由于利润是收入扣除成本费用之差，因而利润中心既要对成本负责，还要对收入负责。利润中心往往处于企业内部的较高层次，是对产品或劳务具有生产经营决策权的企业内部部门，如分厂、分店、分公司等具有独立经营权的部门。

与成本中心相比，利润中心的权力和责任都相对较大，它不仅要绝对地降低成本，而且更要寻求收入的增长，并使之超过成本的增长。通常利润中心对成本的控制是结合对收入的控制进行的，它强调成本的相对节约。因此它不但要对成本收入负责，而且也要对收入与成本差额即利润负责。

利润中心有两种形式：

（1）“自然的”利润中心

这种利润中心虽然是企业内部的一个责任单位，但它既可向企业内部其他单位提供产品或劳务，又可像一个独立经营的企业那样，直接向企业外界市场销售产品或提供劳务。

（2）“人为的”利润中心

这种利润中心仅对本企业内部各单位提供产品或劳务，不直接对外销售。利润中心业绩的评价与考核，主要是通过一定期间实际实现的利润同“责任预算”所确定的预计利润数进行比较，并进而对差异形成的原因和责任进行具体剖析，借以对其经营上的得失和有关人员的功过作出全面而正确的评估。

## 9.2.3　投资中心

投资中心是指对投资负责的责任中心。其特点是不仅要对成本、收入和利润负责，又对投资效果负责，它不仅在产品的生产和销售上享有较大的自主权，而且能够相对独立地运用其所掌握的资金。投资中心有权购建和处理固定资产，扩大或缩小生产能力，因而它既要对成本利润负责，又要对资金的合理运用负责。

# 9.3　成本中心的业绩评价

对各级主管人员的业绩评价，应以其对企业完成目标和计划中的贡献及履行职责中的成绩为依据。他们所主管的部门和单位有不同的职能，按其责任和控制范围的大小，这些责任单位分为成本中心、利润中心和投资中心。

## 9.3.1　成本中心

一个责任中心，如果不形成或者不考核其收入，而着重考核其所发生的成本和费用，这类中心称为成本中心。

成本中心往往是没有收入的，如一个生产车间，它的产成品或半成品并不是由自己出售，没有销售职能，没有货币收入。有的成本中心可能有少量收入，但不成为主要的考核内容。如生产车间可能会取得少量外部加工收入，但这不是它的主要职能，不是考核车间的主要内容。一个成本中心可以由若干个更小的成本中心所组成。如一个分厂是成本中心，它由几个车间所组成，而每个车间还可以划分若干个工段，这些工段是更小的成本中心。任何发生成本的责任领域都可以确定为成本中心，大的成本中心可能是一个分公司，小的成本中心可能是一台卡车和两个司机组成的单位。成本中心的职责，是用一定的成本去完成规定的具体任务。

成本中心有两种类型：标准成本中心和费用中心。

标准成本中心必须是所生产的产品稳定而明确，并且已经知道单位产品所需要的投入量的责任中心。通常，标准成本中心的典型代表是制造业工厂、车间、工段、班组等。在生产制造活动中，每个产品都可以有明确的原材料、人工和间接制造费用的数量标准和价格标准。实际上，任何一种重复性的活动都可以建立标准成本中心，只要这种活动能够计量产出的实际数量，并且能够说明投入与产出之间渴望达到的函数关系。因此，各种行业都可能建立标准成本中心。例如，银行业根据经手支票的多少，医院根据接受检查或放射治疗的人数，快餐业根据售出的盒饭多少，都可建立标准成本中心。

费用中心适用于那些产出物不能用财务指标来衡量，或者投入和产出之间没有密切关系的单位。这些单位包括一般行政管理部门，如会计、人事、劳资、计划等；研究开发部门，如设备改造、新产品研制等；以及某些销售部门，如广告、宣传、仓储等。一般行政管理部门的产出难以度量，研究开发和销售活动的投入量与产出量之间没有密切的联系。对于费用中心，唯一可以准确计量的实际费用，无法通过投入和产出的比较来评价其效果和效率，从而限制无效费用的支出，因此有人称之为“无限制的费用中心”。

### 9.3.2　成本中心的考核指标

一般说来，标准成本中心的考核指标，是既定产品质量和数量条件下的标准成本。标准成本中心不需要作出价格决策、产量决策或产品结构决策，这些决策由上级管理部门作出或授权给销货单位作出。标准成本中心的设备和技术决策，通常由职能管理部门作出，而不是由成本中心的管理人员自己决定。因此，标准成本中心不对生产能力的利用程度负责，而只对既定产量的投入量承担责任。如果采用全额成本法，成本中心不对闲置能力的差异负责，他们对于固定成本的其他差异要承担责任。

值得强调的是，如果标准成本中心的产品没有达到规定的质量，或没有按计划生产，则会对其他单位产生不利的影响，因此，标准成本中心必须按规定的质量、时间标准和计划产量来进行生产。这个要求是“硬性”的，很少有伸缩余地。完不成上述要求，成本中心要受到批评甚至惩罚。过高的产量，提前产出造成积压，超产以后销售不出去，同样会给企业带来损失，也应视为未按计划进行生产。

确定费用中心的考核指标是一件困难的工作。由于缺少度量其产出的标准，以及投入和产出之间的关系不密切，运用传统的财务技术来评估这些中心的业绩非常困难。费用中心的业绩涉及预算、工作质量和服务水平。工作质量和服务水平的量化很困难，并且与费用支出关系密切，这正是费用中心与标准成本中心的主要差别。标准成本中心的产品质量和数量有良好的量化方法，如果能以低于预算水平的实际成本生产出相同的产品，则说明该中心业绩良好。而对于费用中心则不然，一个费用中心的支出没有超过预算，可能该中心的工作质量和服务水平低于计划的要求。

通常，使用费用预算来评价费用中心的成本控制业绩，由于很难依据一个费用中心的工作质量和服务水平来确定预算数额，一个解决办法是考察同行业类似职能的支出水平。例如，有的企业根据销售收入的一定百分比来确定研究开发费用预算。尽管很难理解为什么研究开发费与销售额具有某种因果关系，但是百分比法还是使人们能够在同行业之间进行比较。另外一个解决办法是零基预算法，即详尽分析支出的必要性及其取得的效果，确定预算标准。还有许多企业依据历史经验来编制费用预算，这种方法虽然简单，但缺点也十分明显。管理人员为在将来获得较多的预算，倾向于把能花的钱全部花掉。预算的有利差异只能说明比过去少花了钱，既不表明达到了应有的节约程度，也不说明成本控制取得了应有的效果。因此，依据历史实际费用数额来编制预算并不是个好办法。从根本上说，决定费用中心预算水平有赖于了解情况的专业人员的判断。上级主管人员应信任费用中心的经理，并与他们密切配合，通过协商确定适当的预算水平。在考核预算完成情况时，要利用有经验的专业人员对该费用中心的工作质量和服务水平作出有根据的判断，才能对费用中心的控制业绩作出客观评价。

## 9.4 利润中心的业绩评价

### 9.4.1 利润中心

成本中心的决策权力是有限的。标准成本中心的管理人员可以决定投入，但产品的品种和数量往往要由其他人员来决定；费用中心为本企业提供服务或进行某一方面的管理；收入中心负责分配和销售产品，但不控制产品的生产。当某个责任中心被同时赋予生产和销售职能时，该中心的自主权就会显著地增加，管理人员能够决定生产什么，如何生产，产品质量的水平，价格的高低，销售的办法，以及生产资源如何在不同产品之间进行分配等。这种责任中心出现在大型分散式经营的组织中，小企业很难或不必采用分散式组织结构，如果大企业采用集权式管理组织结构也不会使下级具有如此广泛的决策权。这种具有几乎全部经营决策权的责任中心，可以被确定为利润中心。

一个责任中心，如果能同时控制生产和销售，既要对成本负责又要对收入负责，但没有责任或没有权力决定该中心资产投资的水平，因而可以根据其利润的多少来评价该中心的业绩，那么，该中心称为利润中心。

利润中心有两种类型。一种是“自然的”利润中心，它直接向企业外部出售产品，在市场上进行购销业务。例如，某些公司采用事业部制，每个事业部均有销售、生产、采购的职能，有很大的独立性，这些事业部就是“自然的”利润中心。另一种是“人为的”利润中心，它主要在企业内部按照内部转移价格出售产品。例如，大型钢铁公司分成采矿、炼铁、炼钢、轧钢等几个部门，这些生产部门的产品主要在公司内部转移，它们只有少量对外销售，或者全部对外销售由专门的销售机构完成，这些生产部门可视为利润中心并称为“人为的”利润中心。再如，企业内部的辅助部门，包括修理、供电、供水、供气等部门，可以按固定的价格向生产部门收费，它们也可以确定为“人为的”利润中心。

通常，利润中心被看成是一个可以用利润衡量其一定时期业绩的组织单位。但是，并不是可以计量利润的组织单位都是真正意义上的利润中心。利润中心组织的真正目的是激励下级制定有利于整个企业的决策并努力工作，仅仅规定一个组织单位的产品价格并把投入的成本归集到该单位，并不能使该组织单位具有自主权或独立性。从根本目的上看，利润中心是指管理人员有权对其供货的来源和市场的选择进行决策的单位。一般来说，利润中心要向顾客销售其大部分产品，并且可以自由地选择大多数材料、商品和服务等项目的来源。根据这一定义，尽管某些企业也采用利润指标来计算各生产部门的经营成果，但这些部门不一定就是利润中心。把不具有广泛权力的生产或销售部门定为利润中心，并用利润指标去评价它们的业绩，往往会引起内部冲突或次优化，对加强管理反而是有害的。

### 9.4.2　利润中心的考核指标

建立利润中心的主要目标，是通过授予必要的经营权和确立利润这一综合指标来推动和促进各责任中心扩大销售、节约成本，努力实现自己的利润目标，促使企业有限的资金得到最有效的利用。

对于利润中心进行考核的指标主要是利润。但也应当看到，任何一个单独的业绩衡量指标都不能够反映出某个组织单位的所有经济效果，利润指标也是如此。因此，尽管利润指标具有综合性，利润计算具有强制性和较好的规范化程度，但仍然需要一些非货币的衡量方法作为补充，包括生产率、市场地位、产品质量、职工态度、社会责任、短期目标和长期目标的平衡等。

### 9.4.3 部门利润的计算

在计量一个利润中心的利润时，需要解决两个问题：第一，选择一个利润指标，包括如何分配成本到该中心；第二，为在利润中心之间转移的产品或劳务规定价格。在这里先讨论第一个问题，后一个问题将单独讨论。

利润并不是一个十分具体的概念，在这个名词前边加上不同的定语，可以得出不同的概念。在评价利润中心业绩时，至少有 4 种选择：边际贡献、可控边际贡献、部门边际贡献和税前部门利润。

边际贡献=销售收入−变动成本

可控边际贡献=边际贡献−可控的固定成本

部门边际贡献=可控边际贡献−不可控的固定成本

税前部门利润=部门边际贡献−分配来的共同固定成本

## 9.5 投资中心的业绩评价

### 9.5.1 投资中心

投资中心是指分散经营的单位或部门，其经理所拥有的自主权不仅包括制定价格、确定产品和生产方法等短期经营决策权，而且还包括投资规模和投资类型等投资决策权。投资中心的经理不仅能控制除企业分摊管理费用外的全部成本和收入，而且能控制占用的资产，因此不仅要衡量其利润，而且要衡量其资产并把利润与其所占用的资产联系起来。

### 9.5.2 投资中心的考核指标

评价投资中心业绩的指标通常有以下两种选择。

1. 投资报酬率

这是最常见的考核投资中心业绩的指标。投资报酬率是部门边际贡献占该部门所拥有的资产额的百分比。

假设某个部门的资产额为 60 000 元，部门边际贡献为 12 000 元，那么投资报酬率为：

$$投资报酬率=\frac{12\ 000}{60\ 000}\times 100\%=20\%$$

投资报酬率作为业绩评价指标，无论是对企业整体还是对企业内部各投资中心来说，都是公认的评价业绩的主要评价比率，得到了广泛的运用。其优点主要如下：

（1）在评价部门业绩时，能同时兼顾利润与投资，计量企业资产使用的效率水平，可以反映投资中心的综合盈利能力。投资者可以根据投资报酬率的高低，将资本由一个国家转入另一个国家，由一个行业转入另一个行业，由一个企业转入另一个企业。

（2）可促使部门经理将其注意力集中于利润最大的投资。鼓励充分运用其现有资产，并鼓励取得足以增进投资报酬率的资源，有利于调整资本流量和存量。

（3）作为业绩评价工具，对各分部的经营业绩具有客观可比性，也可与外界的业绩成果比较，具有横向可比性。

（4）可以协助部门经理评价与改进自身的业绩，企业的战略财务目标常被表述为投资报酬率的增加，该指标也有助于投资中心业绩评价的纵向可比性。

（5）与会计系统紧密相连，数据可从各分部利润表和资产负债表中直接取得。

投资报酬率指标的不足也是十分明显的，具体体现在以下几个方面：

（1）过分集中于报酬率极大化，而不集中于利润金额的增加。例如，可通过降低分部可运用资产账面净值及压缩酌量成本开支的方法提高该项指标。

（2）投资报酬率的计算与长期投资分析时所用的现金流量分析方法不一致，从而不便于投资项目建成投产后与原定目标的比较。

（3）易造成职能失调行为，从而影响企业的整体利益。部门经理可能制定短期内对部门投资报酬率有利但对企业长期获利能力有害的决策。当某一部门的新投资机会可使整个企业的投资报酬率提高，但却使该部门的报酬率降低时，该部门经理可能仅凭自己的业绩评价作考虑，而决定放弃该项目，致使整个企业的利润失去改进的机会。

（4）由于约束性固定成本这一不可控因素的存在，使投资报酬率难以为分部经理所控制，从而给区分经理人员业绩与分部本身的业绩带来困难。

（5）由于会计方法等存在多种选择，经理人员对它有一定的粉饰能力，从而影响投资报酬率的客观性。

为弥补以上这些缺陷，已有许多企业采用了市场占有率、新产品开发、生产能力提高、应收账款周转率、存货周转率等多项指标进行业绩评价，而不依靠单一的投资报酬率进行业绩评价和考核。

假设前边提到的企业资金成本为15%。部门经理面临一个投资报酬率为18%的投资机会，投资额为40 000元，每年部门边际贡献7 200元。尽管对整个企业来说，由于投资报酬率高于资本成本，应当利用这个投资机会，但是它却使这个部门的投资报酬率有所下降，即：

$$投资报酬率=\frac{12\ 000+7\ 200}{60\ 000+40\ 000}\times 100\%=19.2\%$$

同样道理，当情况与此相反，假设该部门现有一项资产价值10 000元，每年获利1 800元，投资报酬率为18%，超过了资金成本，部门经理却愿意放弃该项资产，以提高部门的投资报酬率，此时投资报酬率为：

$$投资报酬率=\frac{12\ 000-1\ 800}{60\ 000-10\ 000}\times 100\%=20.4\%$$

### 2. 剩余收益

为了克服由于使用比率来衡量部门业绩带来的次优化问题，许多企业采用绝对数指标来实现利润与投资之间的联系，这就是剩余收益指标。

剩余收益＝部门边际贡献－部门资产应计报酬

＝部门边际贡献－部门资产 × 资本成本

剩余收益的主要优点是可以使业绩评价与企业的目标协调一致，引导部门经理采纳高于企业资本成本的决策。

根据前边的资料，有：

目前部门剩余收益=12 000−60 000×15%=3 000（元）

采纳增资方案后剩余收益＝（12 000＋7 200）－（60 000＋40 000）×15%=4 200（元）

采纳减资方案后剩余收益＝（12 000−1 800）－（60 000−10 000）×

15%=2 700（元）

部门经理会采纳增资的方案而放弃减资的方案，这正是与企业总目标相一致的。

采用剩余收益指标还有一个好处，就是允许使用不同的风险调整资本成本。从现代财务理论来看，不同的投资有不同的风险，要求按风险程度调整其资本成本。因此，不同行业部门的资本成本不同，甚至同一部门的资产也属于不同的风险类型。例如，现金、短期应收款和长期资本投资的风险有很大区别，要求有不同的资本成本。在使用剩余收益指标时，可以对不同部门或者不同资产规定不同的资本成本百分数，使剩余收益这个指标更加灵活。而投资报酬率评价方法并不区别不同资产，无法分别处理风险不同的资产。

当然，剩余收益是绝对数指标，不便于不同部门之间的比较。规模大的部门容易获得较大的剩余收益，而它们的投资报酬率并不一定很高。因此，许多企业在使用这一方法时，应事先建立与每个部门资产结构相适应的剩余收益预算，然后通过实际与预算的对比来评价部门业绩。

## 9.6　案例解析

**例 9-1**　某公司的某一部门的数据如下（单位：元）：

| | |
|---|---|
| 部门销售收入 | 32 000 |
| 已销商品变动成本和变动销售费 | 18 000 |
| 部门可控固定间接费用 | 4 000 |
| 部门不可控固定间接费用 | 4 500 |
| 分配的公司管理费用 | 2 000 |

假设该部门的利润如下：

| | |
|---|---|
| 收入 | 32 000 |
| 变动成本 | 18 000 |
| ①边际贡献 | 14 000 |
| 可控固定成本 | 4 000 |
| ②可控边际贡献 | 10 000 |
| 不可控固定成本 | 4 500 |

| | |
|---|---|
| ③部门边际贡献 | 5 500 |
| 公司管理费用 | 2 000 |
| ④部门税前利润 | 3 500 |

以边际贡献14 000元作为业绩评价依据不够全面，部门经理至少可以控制某些固定成本，并且在固定成本和变动成本的划分上有一定的选择余地。以边际贡献为评价依据，可能导致部门经理尽可能多地支出固定成本以减少变动成本支出，尽管这样做并不能降低总成本。因此，业绩评价至少应包括可控制的固定成本。

以可控边际贡献10 000元作为业绩评价依据可能是最好的，它反映了部门经理在其权限和控制范围内有效使用资源的能力。部门经理可控制收入，以及变动成本和部分固定成本，因而可以对可控边际贡献承担责任。这一衡量标准的主要问题是可控固定成本和不可控固定成本的区分比较困难。例如，折旧、保险等，如果部门经理有权处理这些有关的资产，那么，它们就是可控的；反之，则是不可控的。又如，雇员的工资水平通常是由企业集中决定的，如果部门经理有权决定本部门雇用多少职工，那么，工资成本是他的可控制成本；如果部门经理既不能决定工资水平，又不能决定雇员人数，则工资成本是不可控成本。

以部门边际贡献5 500元作为业绩评价依据，可能更适合评价该部门对企业利润和管理费用的贡献，而不适合于对部门经理的评价。如果要决定该部门的取舍，部门边际贡献是有重要意义的信息。如果要评价部门经理的业绩，由于有一部分固定成本是过去最高管理阶层投资决策的结果，现在的部门经理已很难改变，部门边际贡献则超出了经理人员的控制范围。

以部门税前利润3 500元作为业绩评价的依据通常是不合适的。企业总部的管理费用是部门经理无法控制的成本，由于分配企业管理费用而引起部门利润的不利变化，不能由部门经理负责。不仅如此，分配给各部门的管理费用的计算方法常常是任意的，部门本身的活动和分配来的管理费用高低并无因果关系。普遍采用的销售百分比、资产百分比、工资百分比等，会使其他部门分配基数的变化影响本部门分配管理费用的数额。许多企业把所有的总部管理费用分配给下属部门，其目的是提醒部门经理注意各部门提供的边际贡献必须抵补总部的管理费用，否则企业作为一个整体就不会盈利。其实，通过给每个部门建立一个期望能达到的可控边际贡献标准，可以更好地达到上述目的。这样，部门经理可集中精力增加收入并降低可控制成本，而不必在分析那些他们不可控的分配来的管理费用上花费精力。

**例 9-2**　某商场下设一运动部，2018 年销售收入为 300 万元，变动成本率为 60%，固定成本为 80 万元，其中折旧 20 万元。

要求：

（1）若该运动部为利润中心，其固定成本中只有折旧为不可控的，试评价该部门经理业绩，评价该部门对商场的贡献有多大？

（2）若该部门为投资中心，其所占用的平均总资产为 200 万元，该部门要求的税前报酬率为 10%，试计算该部门的部门投资报酬率和剩余收益。

解析：

（1）该部门经理的业绩：部门可控边际贡献 =300−300×60%−（80−20）=60（万元）

该部门对商场的贡献：税前部门利润 =60−20=40（万元）

（2）部门投资报酬率 =（300−300×60%−80）÷200=20%

部门剩余收益 =40−200×10%=20（万元）

# 第10章 管理会计的未来
## ——渐入佳境，不可限量

**导入案例**

“北京等全国各地，现场火爆，学员们情绪高涨，努力学习。这种发展势头很少见。看来管理会计师项目发展潜力太大了。”

“这是最好的时代，也是最坏的时代。要不断地学习新的知识才能跟得上时代的步伐，慢一点就要被淘汰了！”

——中国总会计师协会专家组成员、管理会计师项目首席专家周国海教授于2017年8月15日19：00的感言！

中国总会计师协会专家组成员、首席专家周国海教授介绍了管理会计师立项，管理会计师的发展方向，以及管理会计师所具备的各种能力。过去几十年间，中国企业积累了大量管理会计的经验和成果，有些是自己发展的，有些是引进的，有些是结合自己的经验创造出来的。但是，我们的管理会计还不普遍、不精细、外部压力与内部动力不足。同时，企业经营的市场化、国际化和信息化又日益成为中国管理会计发展的基本动因。这些因素逼迫企业不得不做管理会计，不做管理会计就没办法持续经营。

现阶段，无论是中国社会，还是中国的企业都正处在转型升级的关键时期。中国梦想成为世界经济强国，然而，世界经济强国总是以世界一流的企业群为依托，而世界一流企业又是以管理会计创新为特征。因此，对管理会计的应用推广、引进融合、创新突破都会在不同企业表现出来，但要实现这些必须要以创新突破为主流。

我们需要设计和创新成本管控系统，使之既适合企业自身需要又博采百家之长，以提升价值创造能力；需要设计和创新薪酬激励机制，为企业价值创造提供足够的动力。未来，管理会计将由制造业向非制造业扩张，行政事业单位应用管理会计势在必行。行政事业单位将设置总会计师，总会计师的地位将得到提高。此外，管理会计的学术研究将呈现产学研结合的新趋势。

## 10.1　管理会计发展的驱动力

近些年来，管理会计在我国得到足够的重视并获得了长足的发展。无论是政府、学校还是企业，都将管理会计视为新时代会计事业发展的重要科学理念支撑和理论依据。在管理会计迅速发展的 21 世纪，我们不禁要问：是什么促使管理会计如此迅猛的发展？在未来，管理会计发展的驱动力又是什么？我们认为，五个方面的驱动力在推动着我国管理会计的发展。这五个方面的驱动力是价值量、信息化、智能化、全球化和新常态。价值量是管理会计发展的原动力，信息化和智能化是助动力，全球化和新常态是促动力。

### 10.1.1　价值量

管理会计发展的第一股驱动力，源自于人类对价值的追求。管理会计萌芽于 19 世纪的工业成本会计，工业革命推动了生产规模和生产效率的极大提高，为了更准确地核算产品成本，会计人员开始按照复式簿记法记录所有成本账户。20 世纪 20 年代以后，企业管理者逐渐认识到成本信息在决策与控制方面的意义，成本会计从单纯的计算发展到了计算与控制相结合，并与对外报告的财务会计相区分，形成了以内部管理为导向的管理会计。国际会计师联合会（IFAC）将管理会计的发展划分为成本确定与财务控制、管理规划和管理控制、流程优化和资源集约、资源利用和价值创造等四个主要阶段。虽然这一划分有一定的合理性，但是我们认为，最后一个阶段才是价值创造阶段，有失偏颇，因为从管理会计产生和发展的每一阶段中，我们都可以看出，管理会计自产生之日起，其核心就是如何进行价值创造，只是不同的阶段，其表现形式有所不同。离开了价值创造，管理会计就失去了其产生、发展的土壤。可以说，人类孜孜以求的价值创造是管理会计一切理论、方法、技术和应用的原始驱动力。

### 10.1.2 信息化

信息化代表了一种信息技术被高度应用，信息资源被高度共享，从而使得人的智能潜力以及社会物质资源潜力被充分发挥，个人行为、组织决策和社会运行趋于合理化的理想状态。同时，信息化也是IT产业发展与IT在社会经济各部门扩散的基础之上，不断运用IT改造传统的经济、社会结构从而通往如前所述的理想状态的一段持续的过程。

随着经济环境的不断变化、企业经营活动种类的增多和规模的扩大，传统会计信息系统所需处理的数据量越来越大，改善经营、加强管理、提高效益的要求也就越来越高，传统会计信息系统越来越显得捉襟见肘：第一，会计数据处理的效率低下；第二，及时性差；第三，数据处理的差错率高；第四，信息处理成本高。传统会计信息系统随着企业组织外部环境的变化和内部经营管理的提高，由于自身的条件所限，提供的会计信息及其会计信息所能实现的价值是十分有限的。

在上述背景下，信息技术的兴起、信息化的发展以及会计信息化的应用，成为管理会计发展的第二股驱动力。企业运用IT技术建立企业资源计划信息系统（ERP），通过这个系统提供大量的各类信息。会计信息系统就是该集成信息系统的一部分，通过IT技术可以实现会计信息系统与管理信息系统中的其他子系统和企业组织外部的相关经济信息系统的无缝连接，达到物流、资金流、信息流和业务流的融合，从而极大地推动了会计核算基础信息、会计经营管理支持、会计商业智能决策、企业战略财务和战略会计等管理会计工具、方法和技术在企业的应用和发展。

### 10.1.3 智能化

智能化是指由现代通信与信息技术、计算机网络技术、行业技术、智能控制技术汇集而成的针对某一个方面的应用。智能化应用的领域不断拓展，会计智能化也得到了持续发展，标准的程序化会计工作被人工智能替代已无可避免。人工智能兴起，机器、数据处理器开始以高效、出错率低、省人工成本等无可比拟的优势，替代人工操作，基础工作岗位上的会计人员地位越来越岌岌可危。这是会计行业发展的必然进程，是人类历史前进步伐下会有的必然影响。

在这个向前发展的行业中，会计职业如果想要保全自己的地位，就必须给自己找到新的定位。传统的基础会计人员将被机器所取代，为了避免被取代的悲惨命运，会计人员已经到了必须自我革命、自我进化、自我转型的地步。会计职业要从被动型转向主动型，要从反映型转向参与型，要从消极型转向积极型，要从记账型转向管理型，要从标准化向智能化转型，要从低附加值工作向高附加值工作转型。传统的财务部门，是被动地适应业务部门的需要，很少主动地推动公司管理变革；是事后反映公司的业务情况，但很少参与到经济活动的过程中；是消极地等待公司高层和其他领导的指示，但是很少积极地去发现问题、解决问题；是完成报表就万事大吉的记账型，而很少是开放进取的管理型；是面对相同业务进行标准化会计处理的低附加值工作，而很少是针对规划、决策、控制和评价的高附加值工作。

智能化的好处是可以将会计人员从最基础的标准化程序性工作中解放出来，从事人工智能无法胜任的战略规划、经营决策、执行控制和绩效评价等工作。上述工作就是管理会计的核心职能。因此，智能化成为管理会计发展的第三股驱动力，会计职业未来的发展方向就是管理会计。

### 10.1.4　全球化

在全球化的大背景下，全球联系不断增强，国与国之间在政治、经济贸易上互相依存。通过全球贸易，世界已经相互连接在一起，全球贸易提供了新市场和新机会，但也让企业业务面临海外竞争者的争夺，企业面临的竞争更加激烈，形势更加复杂。在全球化背景下，企业需要时刻警惕，随时准备应对新的风险和机遇；需要发展自己的适应能力和应变能力，不断将资源集中于回报更高、前景更好的细分市场、产品或渠道；需要更好地管理风险，以便为潜在事件做好充分准备；需要进行更深刻的分析和更清晰的前瞻思维，作出敏捷的分析和预测，以便作出明智的决策，采取迅速行动。企业必须应用全球管理会计最佳实践以应对上述机遇和挑战，从而在全球化的竞争中获得优势。

因此，全球化为管理会计提供了用武之地，打开了管理会计发展的空间，成为推动管理会计发展的第四股驱动力。全球化的一个结果是带来会计的全球化。在过去的数年间，会计全球化最典型的成果就是国际财务报告准则的推广和应用。可以预见，全球管理会计最佳实践的推广和应用将成为下一个会计全球化的热点。

### 10.1.5 新常态

2014 年 5 月习近平总书记在考察河南的行程中第一次提及“新常态”：“我国发展仍处于重要战略机遇期，我们要增强信心，从当前我国经济发展的阶段性特征出发，适应新常态，保持战略上的平常心态。”新常态就是不同以往的、相对稳定的状态。这是一种趋势性、不可逆的发展状态，意味着中国经济已进入一个与过去 30 多年高速增长期不同的新阶段。

中国经济呈现出新常态，从高速增长转为中高速增长，经济结构优化升级，以要素驱动、投资驱动转向创新驱动。中国企业必须适应经济新常态比如人口红利下降，资源要素成本上升等挑战。企业转制有两个方向，一是从原来的粗放式低成本转向精益管理的低成本，二是从原来的低成本企业转向差异化企业。而精益管理和差异化竞争策略的实施，离不开管理会计的作业成本管理、价值链分析、平衡计分卡等工具和方法。因此新常态倒逼中国企业必须持续运用管理会计改善管理，成为我国管理会计发展的第五股驱动力。

## 10.2 管理会计的未来趋势

在上面五股驱动力的推动下，管理会计将呈现出如下未来趋势。

### 10.2.1 从关注结果到重视过程

从价值量角度而言，企业创造价值是从战略规划、经营决策、执行控制到绩效评价的一个动态过程。传统会计注重利润、现金流、财务状况等结果，而管理会计的重点在于参与创造价值的过程。

管理会计的战略计分卡、战略地图、平衡计分卡等理论和工具，有助于企业制定科学的战略规划；管理会计的全面预算管理、投融资管理、价值链等理论和工具，有助于企业进行合理的经营决策；管理会计的作业成本管理、成本性态分析、全面风险管理和内部控制、有效约束理论等理论和工具，有助于企业作出有效的执行控制；管理会计的标杆管理、管理质量改进、营运分析和绩效管理等理论和工具，则有助于企业作出客观的绩效评价。

随着管理会计的推广和应用，未来的财务部门将从关注结果转为重视过程。因此，财务和业务的有机融合，将成为未来管理会计的重要趋势之一。业财融合对我国管理会计发展提出的巨大挑战在于：绝大多数会计人员的知识结构和能力以会计准则、税法为核心，而业务知识和能力则远远不能满足要求。因此，如何实现会计人员知识结构和能力的转型，成为我国管理会计发展的关键。

### 10.2.2　从“书写历史”到“塑造未来”

就信息化角度而言，企业更加需要能够对未来情况作出前瞻性预测的信息，这样才能作出更加科学的决策。传统会计被人喻为“后视镜”，即以提供历史信息为主；而管理会计则不仅重视历史信息，更加重视即时信息和未来的预测性信息。

会计信息化融入企业管理信息系统，即时信息将不再成为难题；通过企业业务、财务的信息流、资金流、业务流、实物流等数据，建立各种数据模型，提供未来的预测性信息的能力也将得到极大的提升。因此，未来的管理会计将从传统的“书写历史”转向“塑造未来”。

信息化对我国当前管理会计发展提出的巨大挑战在于：信息技术手段已经不存在问题，但是绝大多数会计人员无法运用这些手段，没有信息思维，不能提出具体的信息需求，从而无法真正应用信息化的成果。如何培养和加强我国会计人员提出信息需求、收集信息、整理信息、分析信息、挖掘数据、建立模型等能力，成为我国管理会计发展的第二个关键问题。

### 10.2.3　从依赖人工到依靠技术

从智能化的角度而言，企业将会更多地运用智能技术以在竞争中获取优势。传统的会计以依赖人工为主，是劳动密集型行业；未来的管理会计将以运用智能技术为主，是脑力密集型行业。

智能化可以极大地解放现有繁琐的体力型会计劳动，从而对企业未来的财务组织架构产生重大的影响。越来越多的大型公司对财务组织架构进行了改革，将原来的职能型财务组织架构改为智能型财务组织架构。新的组织架构包括战略财务、业务财务、绩效财务和财务共享服务中心（会计工厂）。

战略财务是指参与企业未来规划和战略决策，制定企业财务政策的财务管理体系。业务财务是指财务主动介入业务，通过实时的业务反馈和信息传递，终端的财务人员参与业务一起提升经营的效率和效果，从而为企业创造更多的价值。绩效财务是指财务参与到绩效目标设定、绩效过程管理、绩效结果评价和激励的过程。财务共享服务中心是指企业各种财务流程集中在一个特定的地点和平台来完成，通常包括财务应付、应收、总账、固定资产等的处理。

会计智能化在提高效率、控制成本、加强内控、信息共享、提升客户满意度以及资源管理等方面，会带来明显的效果。未来的管理会计将从依赖人工转向更多依靠技术。

智能化对我国管理会计发展提出的挑战在于：我国有 2 000 多万会计从业人员，一旦大规模智能化，那么原先从事标准化程序性基础会计工作的会计人员是否会面临失业？未来的出路在哪里？

### 10.2.4 从聚焦内部到统筹内外

就全球化和新常态而言，企业受到全球和国内宏观经济影响的程度越来越大，因此企业不仅要练好内功，还要时刻关注外部形势的变化。传统的会计注重练内功，而管理会计则需要统筹内外。

我国企业全球化已经成为潮流。在走出去的过程中，地缘战略、政治风险、汇率风险等因素成为企业的重要风险。在经济新常态下，“三去一降一补”的去产能、去库存、去杠杆、降成本、补短板成为企业面临的严峻形势。

全球化和新常态的大背景下，未来的管理会计从聚焦内部转为统筹内外，成为重要趋势之一。

全球化和新常态对我国管理会计发展提出的挑战在于：如何培养和造就更多的国际化复合型高层次管理会计人才。

### 10.2.5 从规范制度到注重发现

就上述五个方面驱动力而言，企业要从规范制度、合法合规，转为发现价值、创造价值。传统会计注重合规，而管理会计则在注重合规的同时，还要注重发现。

从发现的角度出发，管理会计需要运用信息技术手段，通过智能技术，发现全球化和新常态的价值机遇和面临的挑战，并采用价值链分析、精益管理等工具，解决战略落地和执行到位的问题。发现问题、解决问题、创造价值成为管理会计的核心。

从规范制度到注重发现成为管理会计发展的重要趋势之一。这一趋势的挑战在于：需要我们颠覆对会计的传统定位，在已有的会计核算基础上，将会计的管理职能置于核心地位。

总而言之，在价值量、信息化、智能化、全球化和新常态的五股驱动力下，我国未来管理会计的发展将呈现五个趋势：从关注结果到重视过程，从“书写历史”到“塑造未来”，从依赖人工到依靠技术，从聚焦内部到统筹内外，从规范制度到注重发现。在政府部门、企业界和学术界的推动下，我国管理会计必将为国民经济的发展提供强大的驱动力。

## 10.3　会计会消失，还是会计师的岗位会消失

笔者个人的看法，会计不会消失，但大部分会计师的岗位会消失。不管任何时代，不管任何企业，都需要计算最终的经济绩效。也就是说，需要会计的职能。因此，会计永远不会消失。但是，与其他行业一样，标准化、程序化的工作，在将来都会被机器人替代。工厂里的蓝领工人被工业机器人替代，会计里的记账员被财务机器人替代，银行里的柜员被自助服务机替代。这将是大势所趋，不可阻挡。因此，现有的大部分会计师的岗位会消失。

我们来看看下面的例子。

2016 年 9 月初，据《华尔街日报》报道，沃尔玛将削减美国后台部门职位，裁员人数达 70 000 人。其中部分员工将被给予内部转岗选择，从事与客户接触更多的工作，促进销售和维护店面。沃尔玛发言人 Deisha Barnett 向 CNBC 证实了裁员消息。沃尔玛将在未来几个月内裁掉 7 000 名员工，主要集中在公司后台部门，如会计、开发收据等岗位。

2017 年 10 月，某央企的一家子公司因实施财务共享服务项目，财务部

由之前的800多人锐减到100人左右。

2017年11月，英国广播公司（BBC）基于剑桥大学研究者Michae-lOsborne和Carl Frey的数据体系分析了365种职业在未来的“被淘汰概率”。其中，人们印象中最稳定的工作，如会计师、银行职员、政府职员，被取代的概率分别为96.8%、97.6%、96.8%。

再来看看财务机器人的进展。

2017年上半年，四大会计师事务所都推出了财务机器人。机器人流程自动化RPA将极大减少人为从事基于某些标准、大批量活动的需求。例如，普华永道机器人方案使用智能软件完成原本由人工执行的重复性任务和工作流程，不需改变现有应用系统或技术，使原先那些耗时、操作规范化、重复性强的手工作业，以更低的成本和更快的速度实现自动化。

2017年10月15日，在上海2017年度中国管理·全球论坛上，金蝶重磅发布基于云端的财务机器人，金蝶财务机器人将应用云计算、大数据、图像语音识别、LBS等AI技术，为企业提供多场景全方位的智能财务服务。

因此，在未来，财务部门的组织结构，将从现有的金字塔形转变为菱形。

## 10.4　会计师未来的知识结构和能力

当会计的发展遇到信息技术，未来智能会计工厂替代会计蓝领的工作，是大概率事件了。未来，会计师的知识应该是T字形结构，即知识面要宽、专业知识要深。从财政部发布的《管理会计应用指引》也可以看出来：管理会计师要具备战略管理、投融资管理、预算管理、运营管理、成本管理、绩效管理等多方面的知识，已经远远超出了传统意义上对会计人员角色的理解和定位。皇家特许管理会计师公会的《全球特许管理会计能力框架》(简称《CGMA管理会计能力框架》）可以作为对会计师未来能力要求的一个参考。

2012年年初，由皇家特许管理会计师公会（CIMA）与美国注册会计师协会（AICPA）共同推出全球特许管理会计师（CGMA），旨在提升管理会计职业的全球影响力。作为两会合作的一项基础成果，2014年4月，CIMA和AICPA联合发布了《CGMA管理会计能力框架》。《CGMA管理会计能力框架》对管理会计人才提出了全面的能力标准及要求。它以道德、诚信和专业精神为基础，构建了全球特许管理会计师的四方面职业技能：技术技能、商业技能、人际技能和领导技能。会计师需要专家级知识，从而制定战略愿景，为组织的总体方向和成功提供独特洞察力，对业务领域正式负责，其行动和决策具备高层战略影响力。

技术技能的知识包括：财务会计与报告、成本会计与管理、业务规划、管理报告与分析、公司财务与财资管理、风险管理与内部控制、会计信息系统、税务策略、筹划与合规。

商业技能的知识包括：战略、市场与法规环境、流程管理、商业关系、项目管理、宏观分析。

人际技能的知识包括：影响力、判断与决策、沟通、协作与合作。

领导技能的知识包括：团队建设、辅导与指导、推动绩效、激励与鼓舞、变革管理。

## 10.5　管理会计实践的法则和会计师的软技能

管理会计的核心在于管理，而管理除了知识外，更重要的是软技能的提升，否则会计师无法取得成功。管理会计是影响力的会计，是沟通的会计。通过沟通有价值的信息，参与到企业管理过程中去，帮助企业提高经济绩效。管理会计实践必须遵循几条法则：

第一条法则是影响力法则。管理会计要求会计师必须学会用接地气的语言与领导者、业务人员进行沟通，并影响他们的行为。因此，会计师要跳出会计看会计，用换位思维来思考各类问题，并提出切实可行的解决方案。会计师要学会在企业内部推销财务部门的意见和建议。

第二条法则是过程法则。管理会计在企业的实践不是一天两天的事情，是个连续的过程。会计师要学会以问题为导向，按照界定问题、分析问题、制定方案、实施行动的步骤，遵循先易后难、先急后缓的原则，循序渐进地在企业中推进管理会计工作的落地。

第三条法则是增值法则。检验管理会计的唯一标准就是能否帮助企业提升经济绩效。只有帮助企业或业务部门增值，管理会计才能最终在企业中得到认可，并且生根发芽，具备生命力。

会计师应该具备哪些软技能呢？从现状出发，我们认为，当务之急，会计师至少应该加强如下八个方面管理软技能的学习和应用。

一是主动精神。主动精神就是做好财务会计本职工作之外的事情，能够对企业的核心使命和价值有所贡献，即做一些超出本职工作范围但是有利于企业发展的事情。当前部分会计人员缺少这种积极参与企业发展的主动意识和精神。在课堂上，很多学员会提问：老师，企业不给我多发一分钱工资和奖金，我做那么多事干什么？守好自己的一亩三分田就够了呀。这个问题犹如先有鸡还是先有蛋。我的答案是：当你有了改变，职务、工资、奖金才会有改变，正确赚钱的姿势不是斤斤计较于目前的工资、奖金，而是为所在的组织做出贡献。当我们无法改变外部环境的时候，能改变的唯有我们自己，有为才能有位。当然，如果为组织做出贡献但组织一直无动于衷，那么，离开所在组织也许是一个自己应该做出的选择。

二是构建管理会计师工作网络的能力。管理会计师与财务会计人员的工作区别在于：财务会计人员往往可以在办公室内通过自己来独立完成原始票据审核、凭证填制、报表编制等工作，而管理会计师则必须通过与其他部门和人员的合作来完成战略制定、降低成本、改进运营管理、提升公司绩效等工作。因此，管理会计是沟通的会计，管理会计师是沟通的会计师，构建管理会计工作网络成为管理会计必须具备的工作能力。内部控制需要网络，风险管理需要网络，成本改进需要网络，一切管理会计工作都需要网络。管理会计师只有懂得构建工作网络，才能提高工作效率，从而更好地推进并完成管理会计工作。诚如管理学大师彼得·德鲁克所言："平庸的管理者等待自己需要的信息，然后通知他人去获取信息。明星管理者明白，没有知识网络，工作是难以完成的，你需要提前准备构建网络。"一个优秀的管理会计师，即使没有过高的职务，也会知道在组织内如何构建开展管理会计工作所需的网络，获得组织的支持以落实管理会计工作。

三是自我管理能力。管理工作，从管理自己开始。彼得·德鲁克的《卓有成效的管理者》一书中指出："卓有成效是管理者必须做到的事，在所有的知识组织中，每一位知识工作者其实都是管理者，即使他没有所谓的权限，只要他能为组织做出突出的贡献。管理者的成效往往是决定组织工作成效的最关键因素：并不是只有高级管理人员才是管理者，所有负责行动和决策而又有助于提高机构工作效能的人，都应该像管理者一样工作和思考。"管理会计师作为企业的一名管理人员，首先要提升自我管理能力，改进自我的工作效率和业绩，这样才能具有说服力并获取其他部门和其他人员的信任。如何提升自我管理能力？重视管理会计师的目标和绩效，只做正确的事情，记录并分析时间的使用情况，把眼光集中在贡献上，充分发挥人的长处，要事优先，有效决策。

四是换位思考能力。平庸的会计人员总是只从自己的角度看问题，优秀的管理会计师努力站在领导、同事、顾客和竞争对手的角度看问题。视角的深度使他们可以发现更好的解决方法。不仅是发现问题，更重要的是换位思考提出解决问题的方法。管理会计师的工作什么时候才能体现价值？改进体现价值。一个管理会计师应当发现问题，提出方案，切实改进，提升业绩。这一切都需要管理会计师不仅仅是站在会计人员的立场，更需要站在其他方的立场来思考。换位思考能力是优秀管理会计师的必备能力。

五是领导力。优秀的管理会计师不仅知道怎样提升自我的绩效，在企业中脱颖而出，而且懂得如何引领别人——通过了解他人的兴趣爱好和说服他人，能够把他人最好的一面引导出来。人们都希望领导者知识渊博，能为项目带来能量并激发其他成员的能量。当前会计人员最缺乏的就是领导力。有些学员跟我开玩笑：财务分析报告每次都写相同的问题、相同的建议，可就是无法得到解决，财务部门缺乏推动企业改变的领导力。

六是团队精神。管理会计师首先要管理好自己的工作团队。其次，管理会计师还需要积极参与能够为企业带来改变的工作团队，成为优秀的参与者。管理会计师需要积极参与到各类积极、有效工作的网络型团队中。

七是组织才能。管理会计师需要尽量处理好各种利益关系以实现自己的工作目标。在企业管理中，往往不只有一个观点是对的，而是会有许多观点并存。管理会计师需要把各类人才聚集到一起，用其所长、避其所短，推动组织的进步和改进。

八是沟通能力。当前，会计人员存在的一个问题是自娱自乐、自说自话，与大家所说的语言和思维不在一个波长上面，无法引起大家的共鸣。在正式或非正式会议上，管理会计师需要知道怎样构思自己的信息，并合理地安排以引起大家的关注。为了更好地掌握沟通能力，管理会计师应当学会如何在企业的环境中用大家可以理解的语言并用有效的方法传达这些信息。

上述软技能是可以通过学习掌握的，就像提高体育技能一样。如果会计人员确定转型的目标，要成为一名管理会计师，就应当对照上述软技能的要求，发现自己的不足之处，然后勤加练习。

## 10.6 管理会计为什么“火”起来了?

### 10.6.1 政府的强大推动力

管理会计是会计的分支，发展管理会计是政府不可推卸的责任。在我国，没有政府的推动，管理会计不可能发展。一方面，我国政府直接管理着大量的国有企业和行政事业单位，这些单位都需要管理会计的工具。这是我国政府主管部门推动管理会计应用的重要内因。另一方面，世界的发展总是伴随着世界经济强国的发展，世界经济强国总是以世界一流的企业群为依托，而世界一流企业又是以管理会计创新为特征。国家要强大必须要有强大的企业，企业要强大必须要用管理会计。

此外，我们还有个考虑，就是会计与环境的关系。会计与社会、政治、经济、文化等环境因素交织在一起，会计问题也表现为社会、政治、经济的问题，要用社会、经济、政治的手段来解决。

### 10.6.2 管理会计本身的巨大价值

管理会计是干什么的呢？我们这里有个概念：管理会计是一个创造企业或组织价值的体系、系统。之所以能创造企业价值，是因为管理会计是一个管理控制系统。管控系统可以分为成本管控系统、全面预算的管控系统、基于平衡计分卡的管控系统、基于企业社会责任的管控系统等。至少有五个管控系统在企业可以做，但这五个管控系统之间不是对立的，而是互相包容的。另外，从组织阶层来看，有高层的管控系统，有中层的管控系统，还有低层的管控系统。从内容来看，还可以分为战略管理会计、领导会计、资源会计、绩效会计、社会责任会计、行为会计等。

### 10.6.3 我国现实上对管理会计的需求

过去 30 年，我国经济发展非常快，可以说创造的辉煌成果令世人瞩目，但也给我们带来了一系列的后遗症。后遗症包括：效率低、成本高、管理落后、经营粗放、贪污腐化等。据国内有关专家测算，2012 年单位 GDP 能耗，中国是世界平均水平的 2.5 倍、美国的 3.3 倍、日本的 7 倍。

造成这种情况主要有如下几大原因：其一，我国企业中以行政强制、血缘关系、意识形态、投资或人力资源部门等多目标导向的管控系统，偏离或削弱了企业价值创造的根本。其二，半手工半智能、孤岛式、碎片化的信息技术应用，将本应一体化的各层级、各部门、各单位、各成员机械地撕裂开来，严重地毁坏企业价值，需要管理会计解决这些问题。其三，畸形的薪酬激励制度造成两极分化。我国的基尼系数持续上升，2013 年达到 0.49，这与国家宏观政策、财政注入、污染、养老金、腐败等有关。没有绩效、没有贡献支撑的收入分配造成的两极分化，不仅损伤企业可持续竞争优势和价值创造能力，而且是社会不稳定因素的根基。

比如，不包括政府组织，中国现在共有 96.5 万个非营利组织，2013 年国家财政收入为 12.9 万亿元，前 34 所高校平均科研经费 12 亿，超过美国高校；省会三甲医院医疗和科研经费超过 20 亿元。这么多的资金、经费花下去，并没有创造出世界级的大学和医院，为什么呢？大量资金给只会记账算账的财务会计管着，风险有多大？

## 10.7　管理会计四大体系

管理会计在当前的火热程度毋庸置疑。然而，要发展管理会计也并非一朝一夕。按照财政部的规划，我国需要在 5~10 年的时间里使管理会计的发展接近或达到世界先进水平。要实现这个目标，我们需要从哪些方面着手努力呢？

《财政部关于全面推进管理会计体系建设的指导意见（征求意见稿）》中提出了管理会计的四大发展路径。第一是理论体系，这是专家学者在做的。第二是指引体系，这需要一个权威的机构做。财政部有三套东西：会计准则、独立审计准则、内控制度。这三套制度基本的框架都是有一个一般的准则，有一个指导准则，然后有个说明。管理会计建设体系里面有个特别的地方就是指引体系。第三是人才队伍建设，将管理会计纳入到 CFO 素质提高和会计领军人才的培养体系，在会计专业资格考试中加大管理会计的比重。现在财政部在实行有初级会计师、中级会计师、高级会计师的考试，以后要加大管理会计的比重。第四是信息化，就是把管理会计纳入企业信息化的规划。

# 10.8 人工智能对未来会计的影响

## 10.8.1 人工智能对未来会计的积极影响

### 1. 提高了会计核算的效率和准确性

从传统企业财务岗位职责方面来看，虽然核算资金、收入、工资、往来账的难度不大，但是如果业务量较多就会耗费会计人员的大量时间，使其不能将主要精力放在其他重要工作上，不利于自身专业技能的提高。随着人工智能时代的到来，企业大量重复的财务工作可以交给人工智能来完成，将财务人员从繁琐的会计核算工作中解放出来，这样财务人员就会有较多的时间来提升自身专业素质水平，为企业管理者提供更加科学的经营决策建议，节省了大量的人力资源成本。

### 2. 规范了会计的基础性工作

越来越多的企业已经认识到会计基础性工作的重要性，然而手续不清、记账随意等问题都严重影响到企业财务管理工作水平的提高，因此企业必须首先解决会计基础工作的规范化问题。随着人工智能的出现，提供了提高会计基础性工作准确率和效率的基本思路，实现了全流程智能化发票管理、报销、流转、入账等会计基础性工作。这种自动化的智能管理不仅仅实现了对会计工作的简化，还避免人工录入可能造成的错误，降低了利用会计工作操纵利润的可能性，为提高财务管理水平创造了便利条件。

### 3. 企业应对风险的能力得到了提高

企业预警风险和应对风险的能力是对企业财务管理水平的有效衡量，是实现企业财务稳定的基础。在会计工作中应用人工智能之后，可以事前通过风险预警模型来对财务状况进行监测，结合应收账款、流动资金等财务数据，大大提升了企业应对财务风险的能力。

## 10.8.2 人工智能对未来会计的消极影响

### 1. 取代了传统的会计工作岗位

随着人工智能在会计行业中的广泛应用，大量简单、重复的工作被人工智能所取代，这就会减少传统会计岗位的人员数量，对会计岗位工作人员的业务能力也提出了新的要求。人工智能要求会计人员既要灵活的掌握本专业的相关知识，更要了解计算机技术、管理会计、法律等相关业务知识，迫使财务人员尽快完成技能的升级和转型。

2. 加大了财务会计的风险

在企业应用人工智能的过程中，当出现系统问题或操作不规范等问题，就会发生财务信息的泄露，加大了财务会计的风险。

## 10.8.3　会计应对人工智能的建议

1. 加快财务会计的成功转型

人工智能背景下传统的财务管理模式已经不能适应新时代的要求，因此要加快对财务会计的转型工作。在财务转型的大背景下，管理会计成为一种发展趋势。管理会计的主要作用是帮助管理者提升决策和控制的质量，为决策的制定提供客观、可信的依据；管理会计更多的是为企业业务的开展提供分析、预算、计划等。例如，一家企业要去收购另一家企业，传统会计的工作是对收购行为做好财务记录，不对收购结果负责；新型管理会计的职责则是通过一系列的数据分析为领导的决策提供依据，做好事前规范和控制，实现对风险的规避。

2. 提高财务人员的综合素质水平

当机器能够智能化地帮助财务人员完成那些琐碎且机械化的操作时，并不代表财务人员就可以清闲等待，在解放双手之后，财务人员应当把工作重心放在财务思路、思维的转换上，使企业财务管理更加深入地融入到经营业务流程中去。财务智能化集财务管理和会计于一体，可在提高企业经营管理效率的基础上，促进企业财务管理工作水平的提高，为企业健康、可持续发展提供充足动力。财务人员提高综合水平需要有针对性地加强对理论知识方面的学习，如取得 CMA 证书。作为全球知名的美国注册管理会计师证书，CMA 具有非常完善且先进的管理会计知识体系，通过系统化地学习，能够快速改进财务人员的传统思维模式，使其掌握和理解管理会计的知识体系和核心价值。

3. 灵活应用先进的技术设备

人工智能环境下企业可以选用的财务系统有很多，因此企业要从实际情况出发选择适合本企业的财务系统，不能盲目选择。相较以前的许多产品，金蝶云智能机器人的运用能让繁琐日常财务工作变得更简单、准确，能让财务人员更好地从事财务管理工作、发挥引领企业进行价值创造的作用。例如，在金蝶与航天金税系统连接后，两个平台之间可以直接传递发票，可以将云端存储等功能优势充分发挥，能够很好地解决线下发票传递过程中假发票识别难、发票保管难、易丢失等问题，可提高企业效率，降低经营成本。企业也要定期对人工智能设备进行维护，这样可以及时发现设备出现的问题，避免由于设备问题发生企业财务信息泄露的现象。

4. 结论

人工智能对未来会计可以起到深远的影响，这对未来会计人员既是机遇，又是挑战。企业的管理者要采用科学合理的方法来应对人工智能，这样才能保证自身能够适应人工智能带来的影响，充分地发挥出人工智能的重要作用，规避其带来的不利影响，提升企业的财务管理水平。

# 读者意见反馈表

亲爱的读者：

感谢您对中国铁道出版社的支持，您的建议是我们不断改进工作的信息来源，您的需求是我们不断开拓创新的基础。为了更好地服务读者，出版更多的精品图书，希望您能在百忙之中抽出时间填写这份意见反馈表发给我们。随书纸制表格请在填好后剪下寄到：北京市西城区右安门西街8号中国铁道出版社有限公司 大众出版中心 王佩 收（邮编：100054）。或者采用传真（010-63549458）方式发送。此外，读者也可以直接通过电子邮件把意见反馈给我们，E-mail地址是：1958793918@qq.com。我们将选出意见中肯的热心读者，赠送本社的其他图书作为奖励。同时，我们将充分考虑您的意见和建议，并尽可能地给您满意的答复。谢谢！

---

**所购书名：** ______________________________

**个人资料：**

姓名：____________ 性别：__________ 年龄：__________ 文化程度：________________

职业：____________________ 电话：________________ E-mail：________________

通信地址：______________________________________ 邮编：________________

---

**您是如何得知本书的：**

□书店宣传 □网络宣传 □展会促销 □出版社图书目录 □老师指定 □杂志、报纸等的介绍 □别人推荐

□其他（请指明）______________________________

**您从何处得到本书的：**

□书店 □邮购 □商场、超市等卖场 □图书销售的网站 □培训学校 □其他

**影响您购买本书的因素（可多选）：**

□内容实用 □价格合理 □装帧设计精美 □优惠促销 □书评广告 □出版社知名度

□作者名气 □工作、生活和学习的需要 □其他

**您对本书封面设计的满意程度：**

□很满意 □比较满意 □一般 □不满意 □改进建议

**您对本书的总体满意程度：**

从文字的角度 □很满意 □比较满意 □一般 □不满意

从技术的角度 □很满意 □比较满意 □一般 □不满意

**您希望书中图的比例是多少：**

□少量的图片辅以大量的文字 □图文比例相当 □大量的图片辅以少量的文字

**您希望本书的定价是多少：**

本书最令您满意的是：

1.

2.

您在使用本书时遇到哪些困难：

1.

2.

您希望本书在哪些方面进行改进：

1.

2.

您需要购买哪些方面的图书？对我社现有图书有什么好的建议？

您更喜欢阅读哪些类型和层次的经管类书籍（可多选）？

□入门类 □精通类 □综合类 □问答类 □图解类 □查询手册类

您在学习计算机的过程中有什么困难？

**您的其他要求：**